쟁점
한국사

쟁점
한국사
근대편

초판 1쇄 발행 / 2017년 3월 1일
초판 7쇄 발행 / 2023년 4월 5일

지은이 / 배항섭 은정태 이기훈 박찬승 최규진 이준식 소현숙
기획 / 이기훈
펴낸이 / 강일우
책임편집 / 윤동희 최란경
조판 / 신혜원
펴낸곳 / (주)창비
등록 / 1986년 8월 5일 제85호
주소 / 10881 경기도 파주시 회동길 184
전화 / 031-955-3333
팩시밀리 / 영업 031-955-3399 편집 031-955-3400
홈페이지 / www.changbi.com
전자우편 / nonfic@changbi.com

근대편

쟁점
한국사

이기훈 외 지음

창비

역사는 하나가 아니다

　"5·16은 쿠데타인가, 혁명인가?" 역사적으로 규명되어야 할 이 질문은 언제부터인가 국회 인사청문회의 단골 질문이 되었다. 정권이 바뀔 때마다 역사는 바로 세워져야 하는 것이었으며, 박근혜 정권에 이르러서는 '역사는 오로지 하나여야 한다.'는 궤변이 등장하기에 이르렀다. 국민 모두가 이해하는 '국정교과서'라는 말 대신 '올바른 교과서'라는 신조어까지 등장하고, 역사학계에서 오랜 성찰과 연구를 통해 쌓아올린 학문적 성과들이 '올바르지 않은 역사'로 매도되는 것을 그대로 지켜볼 것인가. 『쟁점 한국사』의 기획은 바로 이 같은 문제의식을 바탕으로 시작되었다. 역사교과서 국정화 논쟁이 한창이던 때 우리는 창비학당 강좌를 열었다. 우리는 그 기회를 통해 역사의 의미와 가치, 역사 공부의 중요성을 시민들에게 직접 전하고 토론하는 소중한 경험을 했다. 강좌에서는 고대부터 현대까지 24개의 주제를 뽑아 23명의 강사들이 우리 역사의 쟁점들을 하나하나 짚어나갔다. 이 책은 당시 이루어졌던 강의와 토론 내용을 묶은 것이다.

역사는 옛날이야기이기도 하고 그렇지 않기도 하다. 옛날이야기라는 것은 한반도를 무대로 살아왔던 우리 선조들의 삶과 생각의 자취, 한반도 주변이나 다른 세계와 벌였던 문명 교류 자체가 이야기로서 재미가 있다는 뜻이다. 그렇지 않다는 것은 과거의 사실과 행적들이 오늘을 사는 우리에게 분명한 의미와 메시지를 전하며, 우리가 앞으로 나아가기 위해 필요한 지혜와 통찰을 제공한다는 의미이다. E. H. 카가 역사를 '과거와 현재의 대화'라고 정의했던 것은 이 같은 맥락에서 비롯된 것이다.

역사는 하나의 교과서로 배울 수 있는 것이 아니다. 10명의 역사가가 있다면 10개의 관점이 있을 수 있다. 10개의 관점을 가진 이들이 주어진 사실과 역사적 맥락을 조합해 그려내는 10개의 다채로운 이야기는 좌와 우, 보수와 진보를 넘어 그 자체로 인간과 사회, 국가와 세계를 바라보는 관점을 풍성하게 만드는 소중한 자산이다. 이 책 집필에 참여한 23인의 연구자들 또한 마찬가지다. 고대사 사료에 대해 의견이 갈리거나, 근현대사의 여러 국면에 대한 해석이 제각각 다르지만, 그들이 한자리에 모여 다른 목소리를 내는 것은 '역사가 하나가 아니'고 '하나일 수도 없음'을 웅변하는 대목이다.

한 인간의 삶이 우여곡절을 겪듯 한 사회나 국가의 이력도 파란만장한 과정을 거친다. 화려하고 찬란한 기억도 있지만 지워버리고 싶은 부끄러운 기억도 존재한다. 즐겁고 화려했던 기억은 남기고 부끄럽고 부정적인 기억은 버리고 싶은 것이 인지상정이다. 그러나 그렇게 해서는 인간, 사회, 국가, 세계의 온전한 모습이나 진실을 알기 어렵다. 그뿐만 아니라 자의적으로 선택되거나 포장된 기억은 이후의 역사를 그릇된 방향으로 이끌 수도 있다. 이제 어느 한편의 입맛에 맞는 기억과 역사만 남기고, 그것을 단 하나의 교과서에 담아 주입하려는 시도는 중단되어야 한다. 『쟁점 한국사』가 역사를 기억하고 공부하는 올바른 방향에 대해 깊이 성찰해보는 디딤돌이 되기를 바라는 마음이다.

"역사를 잊은 민족에게 미래는 없다." 일찍이 신채호와 윈스턴 처칠이 했던 이야기다. 사회적 동물이자 정치적 동물인 인간이 자신이 속한 공동체를 더 바람직하고 살 만한 곳으로 이끌어가려면 끊임없이 과거와 현실을 성찰해야 함을 강조한 언설일 것이다. 그런데 과거와 현실을 제대로 성찰하려면 다양하고 자유롭게 사고하고 토론할 수 있는 환경이 필요하다. '국정교과서 논란'을 계기로 역사, 역사 교육에 대한 사회적 관심이 역설적으로 높아진 오늘, 『쟁점 한국사』가 대한민국이라는 공동체의 미래를 더 바람직하고 살 만한 곳으로 만드는 데 미력이나마 도움이 되기를 기대한다.

기획자를 대표하며 한명기

우리는 왜 역사를 배우는가

1970년대 전후에 학교를 다닌 사람이라면 지금도 무의식적으로 외우는 문장이 있다. "우리는 민족중흥의 역사적 사명을 띠고 이 땅에 태어났다."로 시작하는 국민교육헌장이다. 1976년 국민학교 2학년이었던 나는 이 국민교육헌장 때문에 수업이 끝난 뒤에도 학교 운동장에서 한참을 혼자 있어야 했다. 같이 놀 친구들이 아직 교실에 남아 이 헌장을 외우고 있었기 때문이다. 선생님은 국민교육헌장을 다 외운 사람만 집에 보내주겠다고 했다. 아홉 살 아이들이 민족중흥이 뭔지, 역사적 사명이 뭔지 알 리가 없다. 꽤 빨리 외워서 검사를 통과한 나 역시 그 의미는 전혀 이해하지 못했다. 어려운 말들로 가득 차 있는, 뭔가 위압적이고 엄격한 주문에 불과했다.

최근 역사학계는 '전쟁'을 치르고 있다. 그런데 이 역사전쟁의 내용이 사뭇 다르다. 영토 문제나 과거사 문제를 둘러싼 다른 나라와의 분쟁도 아니고, 역사학계 내부의 논쟁도 아니다. 교과서를 두고 벌어진 역사학계와 정권 간의 이 싸움은, 역사학의 존재 가치를 둘러싼 근본적인 대결이다. 정권은 '올바른' 역사교육을 위해 국가 주도로 '확실한' 역사교과서를 만들어야 한다고 주장한다. 국민교육헌장의 재현을 바라는 듯하다. 외워야 할 확고한 가치와 지식의 보고寶庫, 그것이 교과서여야 한다고 생각하는 듯하다. 그러나 그런 교과서는 있을 수도 없고, 그런 것을 만들려고 노력해서도 안 된다.

우리는 왜 역사를 배우는가. 과거로부터 교훈을 얻기 위해서, 개인과 집단의 정체성을 확립하기 위해서, 혹은 국가적인 필요나 개인적인 호기심을 충족하기 위해서 등 일일이 열거하면 수십 개는 될 것이다. 사실 역사를 배우는 목적은 사람마다 다르다. 그러니 사람마다 알고 싶은 역사도 다르고, 필요로 하는 역사도 다르다. 또 역사학과 역사교육학 내부에서 변화가 생기기도 한다. 새로운 자료가 발굴되기도 하고, 방법론이 개발되기도 하며, 다른 학문 분야의 발전에도 영향을 받는다.

역사는 과거의 일이다. 그러나 현실에서 접하는 역사는 과거에 일어난 모든 일이 아니라, 인식된 과거, 기억하기로 한 과거일 뿐이다. 어떤 과거를 어떻게 기억할 것인가 하는 문제는 끊임없이 탐구해야 할 역사학의 과제이며, 또 이것을 어떻게 가르쳐야 하는가는 함께 지혜를 모아야 할 논의 주제이기도 하다. 다른 모든 분야의 학문과 마찬가지로 역사학도 변화하는 학문 체계의 한 부분이다. 절대적인 정답이 있을 수 없다는 뜻이다. 지금까지 선택하고 해석한 과거의 모습이 옳은 것인지, 또 지금 반드시 알아야 하는 것인지 역사학자와 교사들은 고민하고 논쟁을 벌인다. 그래서 역사학의 가장 중요한 연구 분야 중 하나가 역사인식의 역사, 역사학의 역사다. 이 논쟁의 과정을 이해해야 오늘날 역사학이 어떤 문제들에 직면하고 있는지 파악할 수 있기 때문이다.

최근 역사학계 내부에서는 과거를 새롭게 기억하는 방식에 대한 논쟁이 꾸준히 벌어지고 있었다. 국정교과서 논란은 지금까지 벌인 여러 논쟁이나 역사학자들이 탐구해온 여러 가지 성과들을 무색하게 한다. 국정교과서를 만들겠다는 시도가 하도 시대착오적이고 반학문적이기 때문에 거의 모든 역사학자와 교사들이 반대하고 있다.

역사에서 '민족' 혹은 '민중'이라고 막연히 지칭해온 사람들은 구체적으로 어떻게 살았고 어떤 생각을 했을까? 언제부터 스스로를 '민족'이라고 인식하기 시작했을까? 3·1운동 같은 거대한 저항운동에 참여한 무수히 많은 사람들을 이끈 동력은 무엇이었을까? 한국인들이 스스로의 전통을 서구중심의 시각으로 바라보고 있는 것은 아닌가? 서구중심주의, 근대중심주의에서 벗어난다면 어떤 관점으로 과거를 봐야 할 것인가? 지금까지 역사학자들은 기록을 남긴 사람들의 입장에서만 과거를 파악하고 인식한 것은 아닐까? 공동체 속에 자기 이야기조차 남기지 못한 사람(여자, 어린이, 무식자, 떠돌이)의 목소리는 어떻게 찾을 수 있을까? 기억을 찾고 남기는 일 자체의 의미를 따져봐야 하는 것은 아닐까? 국민교육헌장의 첫 구절, "우리는 민족중흥의 역사적 사명"을 다시 생각해보자. "우리"는 도대체 누구인가? 나는, 당신은 그 속에 포함되는가?

이 책에서 다루고 있는 주제들은 오늘날 현실에서 중요한 논점이 되는 문제들과, 또 최근 역사학이 고민하고 있는 쟁점들이다. 물론 일부 주제들은 현실적인 논쟁거리이면서 학문적 쟁점이기도 하다. 주제의 선정보다 이를 가장 잘 설명해줄 필자를 섭외하는 일이 더 큰 과제였는데, 다행히 모두 쾌히 승낙해주셨다. 필자들께 진심으로 감사드린다. 각각의 주제들을 여기서 먼저 소개하는 것은 별 의미가 없을 것 같다. 참여한 필자들의 글을 읽다보면 자연스럽게 현실적인 논쟁과 역사학적 의미를 알게 될 것이다.

그리 머지않아 역사학에서도 2016년의 격변과 촛불의 의미를 다룰 것이다. 지금은 알지 못하는 이 시간의 의미를 그때는 이해할 수도 있으리라. 역사의 힘이란 그런 것이다.

저자들을 대표하여 **이기훈**

1

동학농민전쟁을
다시 생각한다

배항섭

성균관대학교 동아시아학술원 부교수. 고려대학교 사학과에서 박사학위를 받았다. 주요 저서로 『19
세기 민중사 연구의 시각과 방법』 『임술민란과 19세기 동아시아 민중운동』(공저) 『동아시아는 몇 시
인가?』(공저) 등이 있고, 주요 논문으로 「'근대이행기'의 민중의식」 「서구중심주의와 근대중심주의,
역사인식의 天網인가」 등이 있다.

1894년 이후 전개된 의병항쟁, 3·1독립운동과 항일무장투쟁, 4·19혁명, 광주민주화운동의 모태로서 한국의 근대화와 민족민중운동의 근간이고, 평등사상과 자유민주화의 지평을 연 근대 민족사의 대사건.[1]

동학농민혁명기념재단에서 밝히고 있는 동학농민전쟁의 역사적 의의다. 이런 인식을 바탕으로 우리는 동학농민전쟁의 배경과 전개 과정 등을 배워왔다. 아니 외워왔다. 그런데 이와 같은 역사적 지식은 당시 사람들의 삶과 생각을 이해하는 데, 또 그를 통해 오늘날 우리 사회를 이해하고 진전된 사회로 만들어나가는 데 얼마나 도움이 될까? 동학농민전쟁을 일으킨 농민군의 생각을 제대로 이해하는 것은 당대 사람들의 삶, 조금 더 확장하면 '근대전환기'를 어떤 관점으로 바라보느냐 하는 문제와 직결된다. 그런 의미에서 동학농민전쟁을 중심으로 한 지금까지의 민중(운동)사 연구를 역사인식이라는 맥락에서 비판적으로 바라봄으로써 새로운 가능성을 찾아보고자 한다.

'동학수괴'
전봉준의 생각

다음 면의 사진 속 가마를 탄 인물은 체포된 전봉준이다. 사진 오른쪽 하단에 '동학수괴' 전봉준이라고 써놓은 것을 확인할 수 있다. 오늘날 한국사회에 널리 알려진 전봉준 동상이나 그림은 모두 이 이미지를 바탕으로 제작되었다. 이 사진에 대한 몇 가지 질문을 통해 민중(운동)사를 바라보는 시각과 그 의미에 대해 생각해보자. '동학수괴'라는 글자를 써넣은 사람은 누구이며 어떤 생각에서 그렇게 했을까? 또 당시 민중도 전봉준을 '동학수괴'라고 생각했을까, 아니면 다른 식으로 이해했을까? 나아가 다른 사람들은 그만두고 전봉준 스스로가 어떤 생각을 가지고 살아갔으며, 어떤 마음으로 농민전쟁을 주도했을까?

이러한 질문에 대한 답은 이미 많은 사람들이 잘 알고 있을 법하다. 그러나 역사는 항상 새롭게 기록되는 것이라고 했다. 과거에 이미 일어났던 사건이나 현상으로서의 역사는 변할 수 없지만, 그에 대한 기억이나 그것을 연구하고 서술하는 행위는 이를 수행하는 주체나 시대적 환경에 따라 달라지게 마련이다. 새로운 사회, 새로운 시대는 새로운 과제를 제시한다. 역사를 연구하고 해석하고 배우는 중요한 이유 가운데 하

체포된 전봉준

1895년 2월 27일 일본영사관에서 법무아문으로 인도되기 직전
전봉준에게는 '동학수괴'라는 이름표가 붙었다.
당시 민중들도 전봉준을 동학수괴라고 생각했을까?
그리고 전봉준은 어떤 생각을 하고 있었을까?

나는 과거의 경험을 바탕으로 새로운 과제에 대응하기 위해서이다.

동학농민전쟁도 마찬가지다. 앞의 질문들에 대해 많은 사람들이 외우다시피 하는 답은 이미 반세기 전의 이해에 근거한 것이다. 그러나 이 시대와 사회는 반세기 전과는 다른 과제를 제시하고 있다. 사회적 의제나 민중, 시민들이 당면한 삶의 문제도 바뀌었다. 그러한 변화는 화염병이나 쇠파이프가 아니라 촛불을 손에 들고, 중고생은 물론 걸음마조차 제대로 못하는 아이들까지 엄마 아빠와 함께 민중 혹은 시민집회 현장에 나오는 새로운 모습에서도 확인할 수 있다. 이러한 변화된 모습은 동학농민전쟁이나 전봉준을 비롯한 농민군의 생각이나 행동에 대해서도 새롭게 이해할 수 있는 실마리를 제공한다.

왜 민중의 입장에서 역사를 바라봐야 할까? 인간의 삶과 삶의 과정에서 쌓인 경험을 역사라고 할 때, 역사를 만들어간 압도적 다수는 이른바 민중이라고 불리는 존재들이다. 즉 역사를 살아간 사람들의 절대다수는 '빽' 없는 사람들, 곧 사회적으로나 정치적, 경제적으로 위세가 없는 사람들이다. 이들의 생각과 행동, 삶의 역정을 빼놓고 역사를 바라본다면 편향된 역사 이해가 될 수밖에 없다.

민중(운동)사 연구의 의의 가운데 하나는 "역사를 고정된 것 혹은 목적론적인 무언가로 파악하는 것이 아니라 인간의 삶이 주체적으로 대응해나가는 속에서 역사를 하나의 어떤 가능성으로 이해하려는 것"[2]에서 찾을 수 있다. 지금까지 민중운동사 연구에서 전제한 민중상은 변혁운동의 주체로서의 민중, 투쟁하는 민중이었다. 그러나 민중은 결코 투쟁만 하는 존재가 아니라, 기본적으로 하나의 생활인이다. 그들은 신분여하를 떠나 농업이나 상업 등 생업에 종사하며 일상을 살아가는 존재들이다. 물론 삶의 과정에서 관이나 지주 같은 권력 혹은 주변의 평범한 사람들과 크고 작은 갈등과 대립이 빈번하게 일어났겠지만, 권력에 대항해 '반란'을 일으키는 것은 매우 예외적인 일이다. 전봉준도 동학농민전쟁 때 "인민들이 참고 또 참다가 끝내 어쩔 수 없어서 일어났다."고 한바 있다.[3]

그렇다면 민중의 삶은 어떻게 알 수 있을까? 민중의 일상이나 생각, 행동에 대한 기록은 민중 스스로 남긴 것이 거의 없을 뿐만 아니라, 권력이나 지식인들의 기록에도 거의 남아 있지 않다. 예를 들어 『조선왕조실록』에 시골 어느 마을에 사는 김갑돌이라는 농민이 아침 7시에 일어나 아침을 먹고 들에 나가 밭일을 했다거나, 장에 가서 이웃 마을 사람들과 부당한 조세 징수에 공명하며 함께 막걸리를 한잔했다거나, 흉년이 들어 나무껍질을 벗겨 먹었다가 변비 때문에 고생했다는 이야기는 나오지 않는다. 그런데 민중운동이 일어나면 그 기록이 남을 확률이 높다. 중앙 정부에 보고되지 않은 민란도 매우 많겠지만, 보고되어 『조선왕조실록』이나 왕조 정부의 공식문서에 기록되거나, 지방관이나 지식인들의 일기나 편지 같은 데 남아 있는 경우가 적지 않다. 그러한 기록에는 우리가 궁금해하는 내용들도 들어 있다.

민중운동은 추위와 배고픔 혹은 부당한 징세나 관리들의 수탈 때문에 견딜 수 없게 된 사람들이 힘을 모아 일으킨 경우도 있을 것이다. 또는 부정하거나 공정하지 못한 지배층이 민중을 고통스럽게 하는 것을 좌시할 수 없어서, 세상을 바로잡아야 한다는 사명감을 가지고 일으킨 경우도 있고, 혹은『정감록』이나 특정한 종교적 교리에 근거하여 왕조를 전복하려는 목적에서 일으킨 경우도 있을 수 있다. 그런데 지배층이 남긴 기록은 많은 것들이 은폐 내지 생략되거나, 왜곡되기 십상이다. 예컨대 조세를 부당하게 걷어가는 것에 대해 분노를 표출한 투쟁이었지만, 마치 혼란을 즐기는 무리들의 소행이나 왕조를 부정하려는 사악한 무리들의 행위인 것처럼 말하는 식이다.

민중사 연구를 위해서는 민중의 반대편에 있던 관리들이 남긴 기록을 '거슬러 읽기' '덧붙여 읽기'를 해서라도 그 속에 담긴 민중들의 생각과 행동을 이해하려고 애쓸 수밖에 없다. 그러한 기록을 통해 우리는 '반란'이 왜 일어났고 무엇이 문제였으며, 주모자가 누구고 그들이 무엇을 요구했는지, 정부는 이들의 이야기를 듣고 어떤 회유책을 썼는지 등을 알 수 있다. 이런 것들이야말로 일상에서 보이지 않던 민중의 생각을 알아낼 수 있는 중요한 단서가 되는 것이다. 그 때문에라도 민중사 연구에서 민중운동에 대한 이해는 불가결하다. 민중운동을 제외한 일상사의 이해는 평화로운 나날들, 반복되는 삶의 연속들만 기록하기 쉽다.

이와 같이 민중(운동)사는 민중의 일상과 투쟁을 동시에 포착하는 방식으로 이루어져야 한다. 그래야만 민중의 삶, 생각과 행동이 어떤 경험들 속에서 형성되었고, 또 그것이 투쟁 상황에서는 어떤 식으로 표현되었는지, 그것이 역사 과정에는 어떻게 작용하여 새로운 역사를 만들어나갔는지, 혹은 만들어나갈 가능성들이 그 안에 있었는지 하는 것들을 이해할 수 있다.

이런 점을 전제로 할 때 '정치문화'는 민중사 연구에서 중요한 개념이자 방법이다. 정치문화는 특정한 시대나 사회를 살아가던 사람들의 정치적 생각과 행동을 규정하는 핵심 근거가 된다. 민중이나 지배층 어느 쪽의 행위나 생각도 기본적으로 그 틀을 벗어나기 어렵다. 이런 정치문화의 틀 속에서 민중은 치자治者들의 정치적 행위에 대한 득실과 당부當否를 판단하거나, 권력 측에 제시하는 자신들의 요구, 혹은 그에 대한 지배층의 대응이 정당한가 등을 판단한다. 그뿐만 아니라 지배층이 민중의 요구나 주장, 행동에 대응하는 방법이나 내용 등도 정치문화의 규정을 받는다. 정치문화는 고정된 것이 아니다. 특정 사회와 시대를 살아가는 사람들의 행동이 누적되고 새로운 요구나 주장이 거듭되는 과정에서 변용되어간다.[4]

이제 앞서 전봉준의 사진을 보고 가졌던 의문에 대한 답을 동학농민전쟁 당시의 정치문화라는 맥락에서 접근해보자.

서구중심주의와
근대중심주의

동학농민전쟁 당시 전봉준을 비롯한 농민군의 생각과 행동에 대해 알아보기 전에 조선 후기부터 20세기 초반에 걸친 이른바 '근대이행기'의 역사를 보는 시각에 대해 살펴보자. 이것은 동학농민전쟁에 대한 이해와 직결되는 문제다. 앞서 언급한 동학농민혁명기념재단 홈페이지에는 동학농민전쟁을 '한국의 근대화와 민족민중운동의 근간'을 이루는 사건으로 규정하고 있다. 이는 교과

서를 포함한 현재 한국사회의 일반적인 이해이기도 하다. 이러한 이해
는 동학농민전쟁이 일어난 시기 우리 '민족사의 과제'가 '반봉건 근대
화'와 '반외세 자주화'에 있었다는 역사인식에 기초하고 있다. 말하자면
한국사의 전개 과정도 서구의 경험과 마찬가지의 길을 거치며 '근대'를
향해 진화해가는 과정이었다는 점, 19세기 말은 전근대의 낡은 체제가
붕괴되고 근대라는 '신세계'가 열리는 시기였다는 목적론적·진화론적
인 역사인식이 전제되어 있다. 이 점에서 지금까지의 동학농민전쟁 인
식은 '서구중심적'이고 '근대중심적'이었다.

서구중심주의는 잘 알려져 있는 대로 많은 논의가 이뤄져왔다. 근대
중심주의Modernocentrism는 서구중심주의와 동전의 양면을 이루는 것으로
근대인의 의식 속에 전근대를 여과하여 주입하기 위한 하나의 지식체계
이자, 전근대를 지배하고 재구성하며 억압하는 동시에 근대에 대한 환
상을 심어줌으로써 전근대를 타자화, 식민화하는 이데올로기이다.[5]

한국에서 서구중심적, 근대중심적 역사인식이 헤게모니적 지위를
확보한 것은 동학농민전쟁이 끝난 19세기 끝자락부터였다. 이 무렵 이
른바 신학/구학 논쟁이 시작되었다. 신학/구학 논쟁은 20세기 초까지
이어졌고, 신학의 승리로 결판이 났다. 논쟁의 결과는 "신학＝서양문명
＝진보" "구학＝동도＝미개"라는 이분법으로 귀결되었다. "우리나라가
사천여 년간 예의문명의 나라였으나 오늘날 야만의 부락으로 추락한 것
은 누구를 원망하고 누구를 탓할 것이오."라고 한 데서도 알 수 있듯이,[6]
전통적 유교사회 속의 문명국이던 한국은 서양문명 세계의 내습과 함께
갑자기 야만으로 추락했고, 한국 지식인 스스로 그러한 변화를 시인하

는 것이 대세였다. 이러한 전환의 배후에는 사회진화론과 그를 바탕으로 한 발전론적 역사인식이 자리 잡고 있었다. 동시에 동양문명과 서양문명의 관계가 근대적 시간관념에 따른 진보(근대)와 미개(전근대)의 개념으로 확장되어 규정되었다는 점에서 구학에 대한 신학의 승리는 근대중심주의의 승리이기도 했다. 그후 지난 1세기 동안 한국의 역사와 사회과학 연구가 서구중심주의와 근대중심주의에 압도적으로 규정되면서 진행되었음은 주지하는 대로이다.

극단적으로 표현하면, 우리 역사에서 근대가 시작되는 시점을 1876년 2월 3일(음력)의 강화도조약으로 받아들일 때, 근대중심주의는 1876년 2월 2일과 1876년 2월 3일을 전혀 다른 시간으로 보게 하는 효과를 초래한다. 또 우리 역사에서 19세기 후반 혹은 20세기 초반의 '근대'를 설명할 때 그 이전과의 연속성보다는 단절성을 부각해 설명하는 방식, 그 가운데서도 특히 그것을 발전 내지 진화의 과정으로 보는 역사인식이야말로 근대중심적 역사인식의 전형이라 할 수 있다. 지금까지는 서구중심주의만을 경계했는데, 사실 서구중심주의는 근대중심주의와 크게 겹쳐져 있다.

서구중심적 역사인식에 대해 많은 비판이 제기되어왔고, 한국학계에도 서구중심주의에 대한 비판적 인식과 성찰이 확산되어갔다. 그러나 역사학이나 여타의 인문학과 사회과학 분야의 연구 대부분이 여전히 서구중심적 인식에 지배되고 있다. 이는 서구중심주의에 대한 자각적 비판의식이 아직 미흡하고, 서구중심주의를 극복하는 것이 매우 어려운 과제이기 때문일 것이다. 그러나 다른 한편으로는 서구중심주의와 공모

조일수호조규의 내용을 알기 위해 모여든 군중

강화도조약이 체결된 날과 그 전날은
민중들에게 얼마나 다른 하루였을까?
사건 하나로 전날은 전근대,
오늘부터 근대라고 할 수 있을까?

적 관계 속에서 비서구와 전근대를 억압하고 식민화하고 있는 근대중심주의에 대한 비판의식이 없거나 취약하다는 점 역시 이와 밀접한 관련이 있다.

예를 들면 최근 제기되고 있는 '복수의 근대성' 등에서 언급하는 '○○적 근대'라는 표현은 형식논리상 이미 '원래의 근대'가 별도로 존재함을 전제로 한다. 잭 구디Jack Goody는 비서구에서도 과학이나 자본주의가 발달하고 있었음을 인정하는 페르낭 브로델Fernand Braudel이나 조지프 니덤Joseph Needham 같은 서구 지식인들도 여전히 근대 서구의 독자성 내지 우월성을 고집하기 위해 "진정한 자본주의" "근대적 과학"이라는 개념을 준비해두고 있음을 비판한 바 있다.[7] 이러한 비판과 지적들은 '복수의 근대성' 이론이 서구중심적 인식에 대한 비판이라는 면에서도 일정한 한계가 있다는 점과 아울러, 특히 그 쌍생아인 '근대중심주의'에 대해서는 비판의 핵심을 놓치고 있음을 의미한다.

한국사 연구에서도 서구중심주의, 근대중심주의를 비판하고 새로운 역사상을 구성하려는 연구가 시도되었다. 예를 들어 미야지마 히로시宮嶋博史는 유럽의 기준이 아니라 동아시아의 공통성에 기반해 동아시아 전통사회의 특질을 파악하고, 동아시아의 역사 과정이 가진 독자적 모델을 모색해왔다. 최근에는 '유교적 근대'라는 개념을 제시하여, 서구사회와 대비되는 중국사회의 다양한 특징을 지적하면서, 서구적인 관점으로는 이 특징들을 전근대적 혹은 근대적인 것으로 규정하기에는 불가능한 점이 많다고 주장했다.[8]

필자가 확인한 바에 따르면 조선 후기의 토지소유구조는 서구의 중세와 달리 '근대적' 내지 '일물일권적 배타적' 성격을 가지고 있었고, 매매 관습 역시 매우 '시장친화적'이었다. 이러한 현상은 서구나 일본에서는 모두 '근대' 이후에 본격적으로 나타났고, 자본주의적 시장경제의 발달과 밀접한 관련을 가지는 것들이다. 그러나 조선에서는 이러한 현상이 자본주의적 질서와는 무관한 '전근대'에 발생했고, 또 그것이 자본주의적 질서를 창출해나가지도 않았다. 이러한 역사적 경험 역시 서구중심적, 근대중심적 인식 틀로는 설명하기 어렵다.[9] 이와 같이 한국학계에서도 서구중심주의 혹은 근대중심주의를 비판하는 연구들이 나오고 있으나, 아직 시론적인 수준에 머물고 있다. 이어지는 글에서 동학농민전쟁에 대한 새로운 이해를 통해 서구중심적, 근대중심적 역사인식을 넘어설 수 있는 가능성을 모색해보고자 한다.

무장포고문에
감춰진 진실

민중사 연구의 어려움은 민중이 직접 남긴 기록이 거의 없다는 데 있다. 그렇기에 민중운동이야말로 민중의 목소리를 직접 들을 수 있는 보기 드문 기회라는 점에 대해서는 앞서 언급한 바 있다. 다행히 동학농민전쟁 역시 농민군이 남긴 글이 적지 않다. 특히 농민군은 농민전쟁을 시작하면서 자신들이 '의거'를 일으키게 된 배경과 목적을 명확하게 천명하는 글을 발표했다. 익히 알려져 있는 것처럼 동학농민전쟁은 1894년 3월 20일 무장(현 전라도 고창군

소재)에서 약 400자로 된 포고문을 발포하면서 시작되었다. '무장포고문茂長布告文'이 바로 그것이다. 그리고 다음의 인용문은 포고문 전체를 번역한 것이다.

사람이 세상에서 가장 귀한 것은 사람에게 인륜이 있기 때문이다. 군신君臣과 부자父子의 관계는 가장 큰 인륜이다. 임금이 어질고 신하가 충직하며, 아버지가 자애롭고 아들이 효성스러운 뒤에야 가정과 국가[家國]가 이루어지고 끝없는 복이 미칠 수 있다. 지금 우리 임금께서는 어질고 효성스러우며 자애롭고 총명하며 슬기롭다. 현명하고 양심적이고[賢良] 정직한 신하가 밝은 임금을 보좌한다면 요순堯舜의 덕화德化와 한나라 문제文帝와 경제景帝의 치세를 날짜를 손꼽으며 바랄 수 있을 것이다. 그러나 오늘날 신하된 자들은 보국報國할 생각은 하지 않고 한갓 벼슬자리만 탐내며 (국왕의) 총명을 가린 채 아첨을 일삼아 충성스러운 선비의 간언을 요사스러운 말[妖言]이라 하고 정직한 사람을 폭도匪徒라 일컫는다. 그리하여 안으로는 보국報國하는 인재가 없고 밖으로는 백성들을 수탈하는 관리들만 득실대어 인민人民들의 마음은 날로 더욱 어그러져서 들어와서는 즐겁게 살아갈 생업이 없고 나가서는 제 한 몸 간수할 방책이 없다. 폭정虐政은 날로 더해지고 원성이 이어지고, 군신의 의리와 부자의 윤리와 상하의 분별이 드디어 무너져 남아 있는 것이 없다. 관자管子가 말하기를 "사유四維 — 예의염치禮義廉恥 — 가 베풀어지지 않으면 나라가 곧 망한다."라고 했다. 바야흐로 지금의 형세는 옛날보다 더욱 심하다.

공경公卿으로부터 방백수령方伯守令에 이르기까지 국가의 위태로움을 생각하지 않고, 단지 남몰래 자신을 살찌우고 제 집을 윤택하게 하는 계책만 생각하여 벼슬아치를 뽑는 일을 재물이 생기는 길로 여기며, 과거보는 장소를 온통 사고파는 장터로 만들었다. 허다한 재화와 뇌물이 국고로 들어가지 않고 도리어 개인의 창고를 채우고 있다. 국가에는 쌓인 부채가 있는데도 갚을 방도를 생각하지 않고, 교만하고 사치하며 음탕하게 노는 데 거리낌이 없어서 온 나라가 어육이 되고 만백성이 도탄에 빠졌다. 참으로 지방관들의 탐학 때문이다. 어찌 백성들이 곤궁하지 않을 수 있겠는가. 백성은 나라의 근본이다. 근본이 약해지면 나라가 멸망한다. 그런데도 보국안민의 방책을 생각지 않고 시골에 저택이나 짓고 오직 저 혼자서 살길만 도모하면서 벼슬자리만 도적질하니 어찌 올바른 도리이겠는가. 우리들은 비록 초야草野의 유민遺民이지만 임금의 땅에서 농사지어 먹고 임금이 준 옷을 입고 살아가고 있으니 국가의 위망危亡을 앉아서 보고만[坐視] 있을 수 없어서, 온 나라 사람들이 마음을 합치고 억조창생億兆蒼生이 서로 논의하여 지금 의義의 깃발을 치켜들고 보국안민保國安民을 생사의 맹세로 삼았다. 금일 이러한 광경은 비록 놀랄 만한 것이지만 절대로 두려워하지 말고 각자 자신의 생업에 편안히 종사하여 모두 태평성대를 축원하고 다 함께 임금의 교화를 누릴 수 있다면 천만다행이겠다.

전근대 민중운동에서 민중이 '반란'을 시작하면서 자신들의 생각과 의도를 이토록 명확하게 밝힌 전례는 세계사적으로도 거의 없다. 대체로 소규모의 민중운동이 점차 대규모 투쟁으로 진전되거나, 목적의식을 가진 지도부가 있다 해도 무장포고문처럼 '반란' 주체가 자신들의 뜻을 천명하는 글을 발표한 사례는 거의 없다. 중국의 태평천국운동이나 독일농민전쟁 같은 대규모 민중운동도 마찬가지였다.

그런 만큼 이 무장포고문의 내용은 농민군의 생각이나 동학농민전쟁의 성격을 설명하고 이해하는 데 핵심적인 의미를 지니는 자료다. 그런데 지금까지 한국 역사학계에서는 이에 대한 분석이 제대로 이뤄지지 않았다. 그나마 무장포고문에 대해 관심을 보인 연구조차 이를 매우 편향적으로 해석해 자료의 가치를 왜곡하고 있다.

예를 들면 농민전쟁의 보수적 성격을 강조하는 입장에서는 전봉준이 유교의 윤리 덕목을 철두철미하게 준수했던 모범적인 선비이며 유교적 합리주의자였다고 주장한다. 그것을 핵심 논거로 농민군은 새로운 '근대적' 이상을 제시하지 못했을 뿐만 아니라, 오히려 '봉건적' 차등적 사회신분질서를 이상화하고 있음을 특히 강조한다.[10] 무장포고문이 유교적 이념을 강하게 드러내고, '근대적' 비전을 보여주지 않는다는 점은 일면 타당하지만, '봉건적' 차등적 사회신분질서를 이상화하고 있다는 주장은 받아들이기 어렵다.

한편 농민전쟁의 혁명적 성격을 강조하는 입장에서는 무장포고문이 농민전쟁 초기에 나왔기 때문에 백성들의 지지를 널리 구하기 위해 자신들이 국왕에 반역하는 것이 아님을 강조하려는 의도에서 유교의 언어와 사상으로 분식粉飾한 것이라고 주장한다.[11] 그러나 농민전쟁 초기뿐만 아니라, 농민군이 승승장구하던 시기는 물론, 농민전쟁이 끝날 때까지도 농민군이 남긴 글의 대부분은 그러한 "분식된 유교의 언어"로 가득

차 있다. 목숨을 걸고 일어난 수만 명의 민중이 처음부터 끝까지 자신들의 원래 의도를 숨기고 '분식된 말'만 내걸었다는 주장이다. 역시 납득하기 어렵다.

오히려 포고문의 내용을 분석하지 않은 데는 다른 이유가 있다고 생각한다. 무엇보다 포고문에는 역사학자들이 선험적으로 전제하고 있는 농민전쟁의 역사상과 맞지 않는 내용이 대부분이기 때문이다. 지금까지 동학농민전쟁은 '반봉건 반외세'를 지향하는 '근대민족민중운동의 출발'로 이해되어왔다. '민족으로서의 민중' '근대를 지향하는 민중'이라는 이미지가 전제되어 있다. 정말 그럴까? 무장포고문을 자세히 들여다보면 그와는 다른 결론을 얻을 수 있다.

우선 무장포고문 어디를 봐도 농민군이 '반봉건'이나 '반외세'를 추구했다고 여길 만한 대목이 거의 없다. 포고문의 첫머리는 유학을 갓 공부하기 시작한 초보자들도 거의 외우다시피 하던 『동몽선습童蒙先習』의 서문과 매우 유사하다. 이와 같이 초보자들에게도 꽤 익숙한 구절을 앞머리에 내세운 것은 자신들이 의거를 일으킨 정당성을 유교적 이념에 입각해 명확히, 또 널리 알리려는 의도에서 나온 것으로 보인다. 이어 농민군의 현실 진단과 지배층에 대한 비판이 제시되어 있다. 중국 고대의 요순시대와 모순에 찬 현실, 고통만 주는 학정虐政을 대비시키는 데서 그들의 목표가 인정仁政이 행해지는 유교적 이상사회의 회복이었음을 분명히 알 수 있다.

또 포고문에서는 공경대부 이하 방백수령들이 가장 중요한 책무인 인정을 방기하고 가혹한 정사政事를 펴기 때문에 나라의 근본인 백성들

무장포고문

동학농민전쟁을 시작하면서 발표한 포고문은
과거의 바탕 위에서 쓰여졌다.
유교이념에 따라 유교적 언어로
지배층의 행태와 실정을 비판했다.

이 도탄에 빠지고 국가는 위기에 처하게 되었다고 비판한다. 그러나 국왕은 비판의 대상이 아니었다. 국왕은 선량한 신하들의 보좌만 있으면 인정을 펼치고 이상사회를 만들 수 있는 훌륭한 존재로 묘사되었다. 그 것은 농민군이 '반란'을 일으킨 궁극적인 목적도 인정을 회복해 "태평성대를 축원하고 다 함께 임금의 교화를 누"리는 데 있다는 데서도 알 수 있다. 이 구절은 자신들이 "임금의 땅에서 농사지어 먹고" 사는 까닭에 국가의 위급함을 구하기 위해 의로운 깃발을 들게 되었다는 표현과 더불어 농민군이 여전히 국왕을 부정하지 않았음을 잘 보여준다.

이러한 현실 진단을 바탕으로 농민군은 비록 자신들이 시골에 사는 이름 없는 백성[草野遺民]에 불과하지만, 임금의 땅에서 먹고살기 때문에 국가의 위급함을 구하기 위해 "나라를 지키고 백성들을 편안하게 하자[保國安民]"는 의로운 깃발[義旗]을 들게 되었음을 분명히 했다. 곧 민본이념이 붕괴되고 인정이 실종되었기 때문에 그것을 스스로의 힘으로 회복함으로써 보국안민하겠다는 의지를 표명한 것이다. 농민군이 스스로를 "보국안민"의 주체로 자각하고 있었음을 보여준다. 이상과 같이 포고문은 유교이념을 바탕으로 작성되었으며, 유교적 언어로 점철되어 있다. 지배이념과 지배층의 언어로 지배층의 행태와 실정을 비판하고 있는 것이다. 또 그러한 논리의 연장선에서 스스로를 민본과 인정을 회복할 "보국안민"의 주체로서 인식하고 있다.

이러한 내용은 선뜻 받아들이기 어렵다. 우리가 익히 알고 있던 동학농민전쟁의 이미지와는 대립적이기까지 하기 때문이다. 목숨을 걸고 일어선 농민군은 왜 이런 '고리타분하고' '보수적인' 주장을 했을까? 당시 민중의 생각과 농민전쟁의 의미를 제대로 이해하기 위해서는 앞에 제시한 무장포고문에 대한 두 가지 이해와는 다른 방식으로 이 질문에 답을 해야 한다.

먼저 '근대이행기' 민중의식의 독자성, 자율성을 강조하는 서구학계의 연구들을 소개하고자 한다. 민중은 일상세계에 토대를 둔 고유한 문화를 가지고 있다. 문화는 사람들에게 행동의 맥락을 제공하는 관습과 밀접한 관련을 가진다. 확실히 민중은 지배 엘리트와 구분되는 독자적인 문화영역이나 의식세계를 가지고 있었다. 그러나 다른 한편 민중은 지배이념이나 체제로부터 완전히 자유로울 수도 없는 존재였다. 따라서 민중의식이나 지향도 민중운동이 발발했던 당시 사회의 지배체제나 이념과 무관할 수 없다.

실제로 세계사적으로 볼 때도 '근대이행기'의 민중은 치자들이 제시한 구래의 법이나 관습에 호소하는 방식으로 자신들의 요구를 정당화하는 것이 일반적이었고, '구법'에 근거한 요구는 저항을 철저하게 급진적인 형태로 이끌기도 했다. 이 사실은 비록 생산관계나 사회체제 면에서 유사하다 하더라도 민중의 의식세계는 그들의 삶을 지탱해온 관습이나 구법에 따라 다양할 수 있었음을 시사하는 것이기도 하다. 마찬가지로 민중운동에서 보이는 구체적 요구사항은 물론 행동양태나 지향도 나라나 지역에 따라 다를 수 있다.

이 점에서 중요한 것이 정치문화다. 앞서 언급했듯이 정치문화는 민중운동을 이해하는 데 중요한 의미를 가진다. 정치문화는 치자나 피치자, 양자 모두의 정치적 생각과 행동을 규정하고 정당성을 부여하는 기준이 되기 때문이다. 이는 지배층만이 아니라, 민중의 생각이나 행동도 지배 이데올로기와 밀접한 관련이 있음을 시사한다.

예컨대 에드워드 톰슨Edward P. Thompson은 평민문화에 대해 자기정의적이거나 외부적 영향에 무관한 것이 아니라 귀족 통치자의 통제와 강제에 대항해 수동적으로 형성되는 면이 있다고 했다.[12] 제임스 스코트James C. Scott는 민중운동의 요구와 관련해 "합의된 지배 원리에 근거한 저항들은 완전히 새로운 사회 개념들을 만들어내는 것보다 더 그럴듯하고 설득력이 강하다."라고 주장했다.[13] 모두 민중운동에 대한 이해가 정치문화와 밀접한 관련이 있음을 말하고 있다. 실제로 중세의 많은 민중운동에서 "민중이 지배층을 신뢰하든 안 하든 간에, 민중은 쉽게 이용 가능한 지배이념을 전유하여 활용"했다. 자신들의 사회적 지위를 정당화하던 지배층의 이념은 엘리트들이 그에 부응하는 데 실패했을 때는 궁극적으로 민중의 저항을 정당화할 수 있는 자원이 될 수 있기 때문이다.[14] 이같이 정치문화론의 맥락에서 볼 때 지배이념은 민중이 자신들의 행위를 정당화하는 데서 매우 중요한 의미를 가진다.

동학농민군 역시 마찬가지였다. 무장포고문을 비롯해 농민전쟁 당시 농민군 측이 제시한 격문, 통문류의 내용을 분석해보면, 이들은 어디까지나 유교적 언어로 자신들의 주장을 펼쳤고, 자신들의 행위를 정당화했다. 국왕을 대신할 권위나 정치이념을 가지지 못하는 상황에서 위기에 대처하는 방법이 국왕을 정점으로 한 체제를 전복하는 쪽이 아니라 일신하자는 쪽이었기 때문이다. 유교가 지배이념으로 강력하게 작동하던 조선의 현실을 고려할 때 다른 정치이념을 획득하지 못하는 한 유교이념을 근거로 한 정치체제와 그 정점에 있던 국왕을 부정한다는 것은 상상하기 어려운 일이었다. 국왕을 넘어서는 이념이나 정치적 권위가 확보되지 않은 상태에서는 국왕이야말로 자신들의 행위를 정당화해줄 수 있는 최후의 보루였기 때문이다. 이는 세상을 지배하는 근본원리의 정점에 위치한 존재가 국왕이 아니라 신이었던 서구의 민중운동과 다른 점이다. 중세 말기 서구의 많은 민중운동은 스스로를 '신의 백성'으로 규정하고, '신의 뜻'에 의해 세상을 바로잡는다는 명분으로 영주나 성직자 등 일체의 세속적 권력과 권위를 부정했으며, 국왕까지도 희화화할 수 있었다.[15]

이와 같이 동학농민군에게 국왕을 부정하거나 지배체제 그 자체를 전복하려는 의도는 없었지만, 동학농민전쟁의 전개 과정에서 많은 변화가 있었다. 포고문 이후의 새로운 국면, 예컨대 갑오개혁의 시행과 청일 군대의 진출 및 청일전쟁의 발발 등 대내외적 환경의 변화, 참가 계층의 양적·질적 변화, 폐정개혁 활동의 경험 등에 따라 애초의 생각들이 바뀌어나갔을 개연성이 적지 않다. 무엇보다 동학농민전쟁이라는 대규모 '반란' 그 자체가 동학농민군의 의식에 '창조적 역동성'을 부여해가기에 충분한 새로운 경험이었다.

동학농민전쟁 발발 당시부터 농민들은 유교이념을 전유하는 방식으로 자신들의 행위를 정당화했다. 이것은 유교라는 지배 이데올로기가 지배층뿐만 아니라, 일반 백성들에게까지 확산되어간 시대상을 반영한다. 18세기 후반부터 평민 서당이 등장하고, 평민들에게도 유교적 의례를 수용하는 분위기가 확산되고 있었다는 것은 잘 알려져 있다. 이러한 변화들을 배경으로 농민군은 유교이념에 근거해 지배층의 부정부패한 행태를 질책하는 한편 체제를 일신해 민본과 인정 이념을 회복하려는 강렬한 열망을 보여주었다. 그 과정을 통해 정치에서 차지하는 민중의 지위도 새롭게 조정되어갔다. 그것은 조선왕조를 지탱하던 질서에 근본적인 균열을 일으키는 것이었으며, 그 속에서 동학농민군은 새로운 질서의식을 형성해나가고 있었다.

교조신원운동 시기까지만 해도 민중은 스스로를 천하고 '어리석은 백성' '보잘 것 없는 충성심을 가진 존재'라고 했으나, 포고문 단계가 되면 '나라의 근본인 백성' 나아가 보국안민의 주체로 바뀌었다. '백성은 나라의 근본이다.'라는 표현은 포고문 이후 농민군이 자신들의 행동을 정당화할 때 거의 빠짐없이 등장한다. 반면 귀하고 충군애국심이 깊었던 관리는 오히려 벼슬자리만 도적질하는 도덕적으로 열등한 존재, 사욕에 사로잡혀 정치의 근본인 인정을 방기함으로써 질서를 어지럽히는 자들로 규정되었다. 비록 언술상의 표현이지만, 민중과 사족의 지위가 역전된 것이다. 이는 동학농민전쟁 이전의 민란에서 민중이 단지 지방관의 파면만 요구하던 것과 크게 달라진 점이다. 이것은 바로 도덕적 자질과 신분적 소여가 합치된다는 지배층의 명분이 정당성을 상실했음에 대한 농민군의 선언이라고 볼 수 있을 것이다.

물론 민본이념과 인정은 지배층이 먼저 내세웠으나, 농민들은 스스로 그것을 내면화해 전유하고, 그것을 무기로 인정의 회복을 요구했다. 이 때문에 그들은 "탐욕만 부리고 학정을 하는 방백과 수령들이 어찌 역적이 아닙니까?"라고 되물을 수 있었다.[16] 나아가 자신들의 손으로 탐관오리들을 내쫓으며, "탐관이 비록 학정을 하지만 나라에서는 듣지 못하"여 "백성들이 보존하기 어려운 상황에서"는 자신들이 직접 "탐관들을 하나하나 베어 없애는 것"이 오히려 정당한 것임을 주장할 수 있었다.[17] 전봉준 스스로도 무장기포의 목적이 "백성들을 위해 폐해를 제거하는 것"에 있음을 밝혔으며, 최종적인 타도 대상으로 삼은 것은 당시 권력의 핵심부를 장악하고 부정부패를 일삼던 왕비 민씨의 친척 집단이었다.[18] 여기에는 자신들이 왕민, 곧 국왕의 백성이기 때문에 마땅히 인정을 받을 '권리'가 있으며, 국왕이나 국가가 위기에 처했을 때 국왕을 대신해 그 위기를 구하는 행동, 곧 국왕의 이름을 빌려 탐관오리들을 스스로의 손으로 제거할 수 있다는 의식이 전제되어 있었다.

농민군의 이러한 생각과 행동은 조선왕조의 정치질서를 지탱해온 명분론, 곧 '일반 백성은 무지하고, 사대부는 사리를 분별할 수 있다.'는 명분론에 의거하여 사회적·정치적 지위와 도덕성을 합치시키고 있던 현질서를 정면으로 부정하는 것이었다.

우리의 근대를
어떻게 볼 것인가

서구중심주의를 넘어서기 위해서는 내재적 접근이 필요하다. 민중운동은 본래적 요인과 외래적 요인 양방향으로부터 영향을 받아 일어난다. 민중의식이나 문화도 고정적이고 정태적인 것이 아니라, 외래 요소와 끊임없이 교섭하면서 자기 것으로 만들려고 하는 동태적인 면을 갖고 있다. 그렇기 때문에 민중의식을 근대 지향이냐 아니냐로 분석할 것이 아니라, 민중의식은 지배이념이나 정치체제, 관습이나 사회적 환경과 밀접한 관련이 있고 그에 따라 매우 다양할 수 있다는 생각을 열어두어야 한다. 곧 민중운동은 내재적으로 접근해야 한다는 의미다. 이것은 또한 근대를 상대화하는 방법 중 하나다. 근대중심주의를 넘어서는 방법은 여러 가지가 있을 수 있는데, 그중에 하나가 전근대의 시선으로 근대를 바라보는 것이다. 지금까지는 근대의 시선으로, 근대에 종속된 시간들로 전근대와 근대전환기를 바라보았다면, 이제 전근대와 근대를 대칭적으로 보자는 것이다.

우리는 흔히 전근대사회의 민중(백성)을 무지한 존재, 그래서 치자들에 의해 지배되고 통제되는, 정치의 객체라는 시각으로만 바라본다. 그러나 전근대사회의 통치자는 민중을 그리 우습게 여기지 않았다. 그러한 사정을 잘 보여주는 사례 가운데 하나가 세종 때 공법을 만들면서 실시한 일종의 여론조사다. 공법을 만드는 과정에서 대신들 사이에 논쟁이 있자, 세종은 여론조사를 지시한다. 대상자가 무려 17만 명이 넘었으며, 여기에는 관리나 양반들뿐만 아니라 평민들이 다수를 차지했다. 찬성 측이 많았지만, 반대 측을 설득하기 위해 오랫동안 수정·보완하는 과정을 거친 후 공법을 시행했다. 그럼에도 반대하는 사람들이 무더기로 서울로 올라와 대궐 앞에서 항의를 하기도 했다. 단일한 사례이기는 하지만, 국민들의 반대에도 거대 토목 건축사업을 밀어붙이는 지금의 작태와도 대비되는 점이 있다. 국왕뿐만 아니라 지방의 수령들도 향중공론을 의식하지 않을 수 없었다. 지방에서도 조세제도와 관련해 향회가 개최되면 사대부는 물론이고 대소민들이 함께 모여 의견을 개진하기도 했다. 물론 모든 사안이 민중의 바람대로 처리된 것은 아니었지만, 적어도 조정에서도 향중공론을 모으는 절차를 반드시 거치도록 하고 있었다는 사실은 주목할 만하다.

흔히들 만민공동회(1898년)를 서구 사상에 영향을 받은 서재필이 주도한 민주적 집회와 공론장의 원형이라고 이야기한다. 그러나 이미 그 이전 시기부터 향촌 차원에서뿐만 아니라, 때로는 전국 차원에서 공론 형성의 장들이 이루어지고 있었다. 전국 차원의 공론 형성은 양반계층의 전유물이었지만, 동학농민전쟁 전부터 민중에 의한 경험도 점차 늘어났다. 예컨대 1893년 초 동학교도 대표단은 2박 3일간 대궐 앞에 엎드려 교조의 신원과 포교의 자유를 요구하는 상소를 올리고자 했다. 보은 집회(1893년 3~4월)에서는 수만 명의 동학교도들이 모여 왕조 정부를 상대로 종교의 자유를 요구했고, 탐관오리 징치와 부당한 조세 문제를 바로잡아줄 것을 요구했다.

동학농민전쟁은 향회와 민란, 교조신원운동 등의 경험이 누적된 끝에 나온 대규모 민중운동이었다. 앞서 살펴보았듯이, 그들이 '반란'을 일으킨 이념적 배경은 우리가 익히 알던 것과는 달리 '대단한 것'이 아니었다. 1894년 5월 농민군이 전주성에서 철수할 때 요구한 27개조의 폐정개혁안도 마찬가지였다. 대부분은 조세제도나 조세 징수와 관련한 부당함과 불공정, 불법을 바로잡자는 데 있었다. 체제를 부정하는 요구는 어디에도 없었다. 농민군의 요구를 한마디로 요약하면 지배층에게 그들 스스로가 제시한 지배이념에 걸맞은 정사를 베풀어달라는 것이었다.

민주주의와 거리가 멀 것 같은 우리의 전근대 사회에서도
다양한 민주적 집회와 공론의 장이 있었다.
이런 경험들이 쌓여 동학농민전쟁이라는
민중운동이 발현될 수 있었다.

만민공동회

농민군은 농민전쟁 초기에 "우리 태조(이성계)의 혁신정치로 돌아가면 그친다."는 격문을 사방에 붙이기도 했고,[19] 조세 문제의 경우 정조 연간의 제도로 돌아갈 것을 요구하기도 했으며, 탐관오리들을 법대로 징치할 것을 요구했다. 농민군의 생각과 요구는 이처럼 보기에 따라 매우 '보수적'이었고, 국왕이나 체제를 부정하지 않았다. 그러나 앞서 살펴보았듯이 농민군은 그러한 사상과 요구를 토대로 새로운 질서를 형성해나가고 있었다. 또한 농민군의 '보수적' 사상이나 요구가 받아들여졌을 때 그것은 이미 농민군조차도 예상치 않았던 전혀 새로운 질서, 곧 '혁명적 변화'로 이어질 가능성을 내포한 것이기도 했다.

동학농민전쟁에서 보이는 농민군의 생각은 이른바 박근혜-최순실의 국정농단에 따른 '탄핵정국'에서 전개된 촛불집회와도 유사한 점이 있다. 농민들은 조선이라는 '민본' 왕국의 신민 자격으로, 민본에 부합하는 정사, 곧 인정을 요구하면서, 인정을 방기한 탐관오리들의 징치를 요구했다. 그러나 국왕을 둘러싼 간신들이 민중의 요구가 국왕에게 전달되는 것을 막자, 자신들 스스로의 힘으로 민본에 입각한 인정을 회복하고, 탐관오리와 간신들을 징치하기 위해 농민전쟁을 일으킨 것이다. 촛불을 든 시민들 역시 마찬가지였다. 대한민국이라는 민주공화국의 국민 자격으로 민주공화정에 걸맞은 정치를 요구하며 대통령을 포함해 국정농단에 책임이 있는 모든 사람들의 책임을 물은 것이다. 그러나 대통령부터 그에 대한 책임을 회피하자 스스로의 힘으로 탄핵을 요구하고 민주공화국의 이념과 공화정을 회복하기 위해 연인원 1000만여 명이 촛불집회를 추진한 것이다.

앞에서도 말했듯이 민중의식은 지배이념과 밀접한 관련이 있다. 유교를 지배이념으로 제시한 조선왕조가 개창된 후 거의 500년이 지나 민중들도 지배이념을 전유하고, 그에 입각해 '반란'의 정당성을 주장한 것이 동학농민전쟁이다. 촛불집회 역시 마찬가지다. 촛불집회는 국민들이 민주공화국이라는 체제이념을 전유하여 그것을 무기로 지배권력의 부당함을 질타하고 있다. 비단 촛불집회뿐만 아니라, 해방 이후 민주공화국과 관련한 다양한 투쟁들 역시 민주공화국은 이러해야 한다는 당대의 감각들과 뗄 수 없는 관련을 가진다. 동학농민전쟁을 통해 확인했듯이 체제이념에 입각한 '보수적' 집단행동들이 다만 기존질서를 지키는 데서 그치는 것만은 아니라는 점도 명확하다.

지금까지 동학농민전쟁이라는 조금은 익숙한 근대사의 주제를 앞에 두고, 역사에 대한 관점을 짚어보았다. 민중(운동)사를 일상사, 생활사와 연결된 내재적 접근이라는 맥락에서 살펴본 이 글이 우리 역사를 하나의 관점이 아니라 다양한 관점으로 바라볼 수 있다는 사실을 알게 하는 계기가 되었으면 한다.

2

대한제국 외교의
가능성과 한계

은정태

역사문제연구소 상임연구위원. 서울대학교 국사학과 박사과정을 수료했다. 주요 저서로 『청일전쟁기 한·중·일 삼국의 상호 전략』(공저) 등이 있고, 주요 논문으로 「박정희시대 성역화사업의 추이와 성격」 「대한제국기 '간도문제'의 추이와 '식민화'」「고종친정 이후 정치체제 개혁과 정치세력의 동향」「1899 년 한·청통상조약 체결과 대한제국」 등이 있다.

주변 열강들의 참여 보장에 의한 한반도 중립화로 발전시킬 수만 있다면 한반도가 열강의 대결장, 혹은 대결의 대상으로 변하는 것을 방지하며, 나아가 왕실의 계속적인 집권, 즉 기본 정치체제의 유지를 가능케 해줄 수 있는 것이다.[1]

지금까지 대한제국의 외교 노선은 '중립화 정책'으로 정리하고 있다. 그런데 대부분의 한국사, 외교사, 국제관계사 연구에서 이 노선은 실패했다고 평가한다. 그 실패의 원인은 첫째, 한반도 문제를 두고 1880년대 이래 일본, 중국, 러시아, 영국 등 각국과 벌인 교섭과 흥정을 심각하게 인지하고 대처하지 못했다. 그 결과 '독립'이라는 환상에 사로잡혀 독립을 나타내는 외양적인 행사나 조치에만 몰두했다. 둘째, 한국은 서양적 국제질서관에 대한 인식이 부족하여 안보 문제를 계속 외국에 의

존함으로써 대외적으로 독립국의 이미지를 상실하고 대외적 독립성을 잃게 되었다. 셋째, 독립 보전을 위한 외교정책일 수 있던 중립화 안은 일본과 러시아를 제외한 다른 나라들은 관심을 두지 않았고, 열강의 관심을 유도하기 위해 각종 이권을 내놓았지만 정치적 개입을 이끌어낼 만큼 충분하지 못했다. 넷째, 중립화 정책을 장기적 관점에서 추진하지 못했고, 위기가 발생하면 잠시 거론했다 다시 과거의 타성에 빠지고 말았다. 특히 1902년 영일동맹과 러불선언의 대립에 대해서도 양대 세력 간의 균형을 이루고 있다는 측면에만 만족하는 등 1903년까지도 일본과 러시아의 대립을 충분히 인식하지 못했으며, 기껏 아무런 효과도 없는 전시중립선언에 그치고 말았다.[2] 이를 차례로 국제질서에 대한 무지와 겉치레 치중, 타국에의 의존, 설득자원의 부족, 일관성 결여라는 말로 요약해도 되지 않을까 한다.

약소국 감각과
생존의지

대한제국 외교에 대한 비판적 평가는 일부 수긍되는 점과 일부 그렇지 않은 점이 있다. 예를 들어 의존과 겉치레 부분은 수긍되지만 무지와 일관성 결여 부분은 그렇지 않다. 의존과 겉치레는 근대 한국 외교에 짙게 드리워진 국제질서의 감각과 관련된다. 그러나 무지와 일관성 결여 부분은 대한제국의 국제관계 인식에 대한 면밀한 접근을 통해 보완될 필요가 있다는 생각이다.

먼저 수긍되는 부분을 보자. 대한제국은 왜 의존적인 외교정책과 겉치레에 치중한 것일까? 이는 외교사 분야 연구에 잘 정리되어 있다. 이시기 한국의 국제정세에 대한 인식은 전근대적인 조공질서와 근대적인 공법질서가 착종된 독특한 유산을 배경으로 하고 있다. 대한제국의 외교가 의존과 겉치레로 드러나는 이유 중 하나다. 전근대적인 조공질서 유산에서 주목할 부분은 정세인식의 정신구조와 함께 실천의 영역에서 보여준 회피와 방관, 예의와 기대 같은 태도이다. 이 각각은 외교관(觀)이라기보다는 개항 이래로 형성된 외교감각의 문제로 이해된다. 이 감각을 규정하는 것은 대한제국을 둘러싼 거대한 힘이겠지만, 그 힘에 맞서는 유일한 수단도 바로 이 감각이었다. 이 감각의 근저에는 조선·대한제국이 약소국이라는 자의식이 전제되어 있다. 이 자의식은 정치적 개념인 친일, 친러, 친미, 친중노선 이전의 생존의지로 보는 것이 타당해 보인다.

정책 일관성 결여라는 비판은 사실과 관련된 만큼 새로운 접근이 필요하다. 1894년 청일전쟁과 1904년 러일전쟁 기간 동안 일본의 한반도 정책은 후퇴와 치밀한 개입이 특징이었고, 러시아는 자국의 역량 판단과 정세 변화에 따라 만주와 한반도를 두고 계속 저울질했다. 친러정책과 친일정책을 오가던 대한제국은 1900년 의화단 사건 이후부터는 중립화 정책을 그 선택지로 잡았다. 다른 선택지는 굉장히 위험한, 특정 국가와의 동맹이었다. 러시아와 일본 모두 자국과의 동맹이 안전을 보장해줄 것이라고 선전했지만 대한제국은 믿지 않았다. 그런데 대한제국에는 중립화 정책을 추진할 수단이 미미했다. 협상력은 상대국의 관심사로부터 시작되는데, 1900년 이후 대한제국은 열강의 관심사인 이권을 나누어주는 방식으로 한반도에 대한 관심을 유도하려고 하지 않았다. 흔히 알려진 이권 강탈은 그 이전 시기에 해당된다. 실제로 1900년 이후 한반도에서 러일 간의 대결이 고조될 때 양국에 내준 이권사업은 뚜렷이 없었다. 러일 양국의 갈등을 최대한 활용한 결과였다. 그러나 이 결과가 중립화 정책을 지원해줄 국가를 찾는 데는 부정적인 영향을 미쳤다. 대한제국은 프랑스와 미국 등 제3국을 끌어들이려 했지만 러시아와 일본의 방해와 제3국 정부의 관심 부재로 한반도의 중립화 지지로 이어지지 못했다. 중립화 정책에 가장 현실적인 외교수단인 이권외교 카드가 사라진 상태에서 중립화 정책 추진은 난망했다. 대한제국이 독립국으로 존재해야 하는 이유를 러일 양국 외에 제3국에게 설득할 이유를 갖지 못했던 것이다. 정리하면 대한제국은 중립화 정책에 일관성을 견지했다. 이권외교를 포기할 만큼. 그러나 이것은 또 다른 어려움을 초래하며 중립화 노선 추진을 힘들게 했다.

그러면 약소국의 생존의지와 관련된 외교감각은 어떤 것일까? 이 글에서 다루고자 하는 주제이다. 1880년대 조약질서와 조공질서가 조선에 어떻게 다가왔고, 공법에서 국제사회로부터의 승인을 통한 독립이라는 감각이 어떻게 형성되었는지, 특히 조청 양국은 이 감각을 실재 협상장에서 어떻게 활용했으며, 또 의존정책은 어떤 상황에서 등장했는지, 그리고 당대인들은 그 의존정책과 겉치레를 어떻게 이해하고 있었는지 등이 관심이다. 이어 동의되지 않는 영역과 관련해 이른바 중립외교의 실상이 주목된다. 즉 다른 선택지가 없었음에도 제대로 추진되지 못했다면 그 이유는 무엇일까 하는 것이다.

조공질서의 효용

사대교린 관계를 유지하고 있
던 조선은 19세기 들어 이양선과 직접 접촉하면서 처음으로 조선의 국
제적 위상을 질문받게 되었다. 1832년 영국 상선 로드 애머스트호Lord
Amherst가 조선에 통상을 요구했지만 조선은 이를 거부했다. 조선은 '인
신무외교人臣無外交' 논리로, 제후국은 외교를 할 수 없으니 조선과 영국의
통상 여부를 황제국인 청나라에 가서 물어보라는 투였다. 이들이 청나
라에 갔을 때 청나라는 속방의 내치와 외교는 자주自主라며 영국과 조선
의 통상은 조선이 결정할 문제라고 다시 조선에게 넘겼다. 양국이 서로
떠넘기는 회피구조는 두 차례 양요(병인양요, 신미양요) 처리 과정과 강화
도조약 체결 과정에서도 마찬가지였다. 강화도조약 직전에도 청나라는
"조선은 중국에 예속되어 있는 번복藩服이지만 원래 일체의 정교금령政
敎禁令은 옛날부터 그 나라에서 자주적으로 오로지했고 중국은 간섭하지
않는다."는 태도였다. 이러한 구도는 1870년대 말 청나라가 조선에 서양
과의 조약 체결을 권고할 때까지 이어졌다.

이 회피구조는 조청 양자관계만 있던 시대와 달리 서양이 등장하면
서 나온 문제로 조공질서에 철저히 가탁假託한 것이다. 양국의 필요에 따
라 조공질서의 양 측면을 취사선택한 것이었다. 이미 서양을 거부하겠
다는 입장이 분명했던 조선으로서는 조공질서에 가탁하는 것이 유효한

대응일 수 있었다. 그만큼 조공질서는 아직까지 탄력성이 있었고, 온전한 세계를 구축하고 있던 양국에게는 요긴했다.

동아시아 정세의 변화로 청나라는 이홍장−이유원의 서신교환과 『조선책략』을 통해 조선의 내·외정에 개입했다. 청나라에 의존적인 자강정책과 외교정책을 권고한 것이다. 국내 정치세력의 반발이 있었지만 이후 조선정부는 두 정책을 적극 추진했다. 조선은 국내정치적 부담을 안고 청나라의 지원을 받아 미국과의 조약을 체결했다. 고종이 청나라에 대해 어윤중에게 내린 "예를 다하나 구례舊禮에 얽매일 필요가 없다."라는 지시는 사대관계의 조정 과정에서 대부분 좌절되었다. 곧 "자주는 가하나 독립은 불가하다."라는 말과 근대 조약질서에서 속방자주론으로 정식화되었다. 조선정부의 속방조회문屬邦照會文에 대해 미국정부의 회신은 "조선과 중국의 관계는 미국 상민들의 활동에 지장을 주지 않는 한 관여하지 않을 것이다. 미국은 귀 군주가 내치·외교와 통상을 자주하고 있음을 잘 알고 있다."는 것이었다. 이후 영국, 독일, 러시아와의 조약도 같은 방식으로 이뤄졌다.

이 과정에서 조선의 독립 문제가 전면화되지는 않았다. 청나라가 주도적으로 조청 양국관계를 미국에 설명했고, 도리어 미국으로부터 일부 반발이 있었지만, 적절한 타협이 이루어진 것이다. 곧 조선은 조공질서에 가탁한 가운데 조약질서에 참여한 것으로 동도서기적 국제질서 편입이라 할 수 있다. 조선의 이런 선택은 국내정치적 환경이나 처음으로 국제질서에 참여했다는 점도 작용했지만, 사실 청나라의 지원을 굳이 버릴 이유를 찾지 못했기 때문이다. 아직은 청나라에 의존할 필요가 있었

청나라는 『조선책략』을 통해
조선의 내·외정에 개입했다.
조선은 국내정치적 부담을 안고
청나라의 지원을 받아 서양과 조약을 체결했다.

조선책략

고, 조선의 내치와 외교는 여전히 자주적으로 하고 있다는 판단이 크게 작용했다. 그러나 실상 내치와 외교는 조금씩 침해당하고 있었다. 더구나 서양과의 접촉면이 넓어지며 다양한 해외정보가 입수되어 공법질서에 바탕을 둔 조선 독립에 대한 모색이 차츰 이뤄졌다.

조약질서와
조공질서 사이에서

1882년 임오군란 이후 청나라의 내정간섭이 본격화되면서 조선책략적 외교정책에 의문을 가지고 만국공법적 맥락에서 새로운 외교를 주장하는 흐름이 형성되었다. 보수파로 알려진 민영익조차 1884년 보빙사를 다녀온 뒤 "유럽에서는 특히 러시아가 강대하며 유럽 여러 나라는 모두 러시아를 두려워한다. 그리고 조만간 러시아가 아시아로 침략의 손을 뻗쳐 조선에도 그 영향이 미칠 것이니 우리나라 입국의 근본정책은 일본이나 청나라만 상대할 것이 아니라 한 걸음 더 나아가 러시아의 보호를 받도록 하는 것이 상책이다."라며 외교의 다변화와 러시아로의 접근을 주장했다. 이미 김옥균 등은 청나라를 넘어 일본, 미국, 영국, 러시아와 접촉했고, 이러한 교섭은 고종도 동의한 일이었다.

발단은 내치와 외교가 침해받는 현실이었다. 자연스럽게 청나라의 간섭을 막기 위해 일본, 러시아, 미국을 끌어들여 청나라를 견제한다는 구상이 뒤따랐다. 그것은 비밀리에 이루어졌고, 서로 떨어져 있던 자주와 독립이 불가분의 관계임이 부각되었다. 청나라를 견제하기 위한 러시아와의 두 차례 비밀 교섭이 이루어졌고, 러시아 군사교관 초빙 논의가 반공개적으로 이루어졌다. 그러나 청나라의 강력한 개입과, 영국이 1885년부터 약 2년간 거문도를 점령한 거문도 사건으로 인해 새로운 대외정책 모색은 모두 좌절되었다. 영국과 러시아의 대립은 톈진조약과 이홍장―라디젠스키 간의 타협구조로 정리되고 조선에 대한 청나라의 '종주권'을 국제사회가 용인하는 국면이 만들어졌다. 일본과 러시아의 관망과 영국의 청나라 지원 속에 이 질서는 청일전쟁 때까지 지속되었다. 한때 조선 중립화 안이 독일과 일본 그리고 조선 내부에서 제기되었지만 청나라의 반대에 따라 일회성에 그치고 말았다.

내치와 외교의 자주권이 훼손받는 지경에 조선이 할 수 있는 선택의 폭은 굉장히 제한되었다. 조선의 내정에 깊이 관여하고 있던 청나라 북양아문北洋衙門의 조선정책은 조공질서와 조약질서의 적절한 활용과 친청파 이용이었다. 두 차례의 밀약설을 거치면서 고종이 폐위 위기까지 몰리자 1887년부터 조선은 내정간섭 자체를 문제삼기보다는 조선의 독립을 국제사회로부터 승인받으려는 움직임을 보였다. 자주와 독립이 서로 멀어지는 형국이었다. 이때부터 독립은 각국과의 조약을 체결하고 근대 국제질서의 주권자로서 국제사회로부터 인정받는 것으로 받아들여졌다. 청나라의 내정간섭을 제어할 힘이 없는 가운데 공법을 활용한 조선 독립에 몰두한 것이다. 물론 청나라의 강력한 견제가 뒤따랐다. 박정양의 파견과 영약삼단另約三端을 둘러싼 수년간의 논쟁, 1887년 데니와 묄렌도르프 간의 속방 논쟁 당시 청나라가 '조선속방론'을 영어로 간행한 것, 1890년 대왕대비 조씨의 국장 당시 칙사 파견을 둘러싼 양국 간의 논쟁은 모두 같은 맥락이었다. 즉 청나라는 조선이 자신들의 속국임을 세계에 알리려고 했다. 조선과 청나라의 양국관계에 대한 정책은 사실 모두 서양을 향한 인정투쟁이었다. 조선은 국제사회에서 인정받는 것 자체에 의미를 부여했고, 청나라는 이를 반드시 막으려 했다. 조선은 청나라에 사대하면서도 국제사회에 독립국으로 인정받으려는 시도를 이른바 '양절체제론'으로 설명하기도 했지만, 결국 한계에 봉착했다.

이처럼 1880년대 조선의 독립은 국제관계 속에서 인정받는 문제로 이해되었다. 공법의 활용이었지만, 그 감각은 조공질서에서 훈련된 공법 관념이었다. 후일 대한제국이 국제사회의 인정을 받고자 어려운 재정 여건에도 국제조약 체결이나 외교관 파견, 칭경예식 등에 많은 돈을 들인 것도 바로 이러한 '독립'에 대한 감각 때문이었다. 겉치레로 표현된 이것은 공법질서에 착종된 조공질서가 남긴 유산이었다.

흥미롭게도 조청 양국은 조공질서와 조약질서를 필요에 따라 취사선택했다. 예를 들어 1890년대 초반 회령변계무역을 둘러싸고 청나라는 대국이 소국을 보살펴준다는 논리에서 무관세를 주장한 반면, 조선은 수세할 것을 주장했다. 반면 간도 문제가 쟁점이 되었을 때 조선은 '차지안민借地安民'론으로 '황은皇恩'에 바란다며 호소했지만, 청나라는 근대 국제법에서 영토와 인민 통치의 통일성을 바탕으로 이를 거부했다. 양국이 만나는 지점은 자국의 이익 실현으로, 조공질서와 조약질서는 편의적인 논리로 활용되고 있었다.

갑신정변 이후 10년간은 이처럼 조약질서에 가탁한 조선 독립을 위

헤이그 특사 사진이 실린 신문

조선의 독립은 국제사회의 인정과 관련된 문제였다.
대한제국이 되어서도 이런 감각을 유지했고,
국제회의에서 일제의 침략을 규탄하는 연설을 했다.

한 고투 과정이었다. 그러다가 편의적으로 조공질서에 의존하는 경우도 있었다. 조선은 청나라와의 교섭에서 자문(전선, 외교, 정략), 의존(거문도, 차병借兵), 회의(러시아와의 밀약), 이익 관철(홍삼, 감계) 등 다양한 방식을 모색했다. 조선은 두 질서의 틈을 찾았고, 그 속에서 조선의 독립과 이익을 모색한 것이다. 그러나 청나라 역시 조약질서와 조공질서 두 칼 모두를 편의적으로 조선에 휘둘렀다. 조선으로서는 의존을 통한 기대이익이 있었겠지만, 그로 인한 손해를 당장 계량할 수는 없었다.

러시아와 일본의
세력균형

　　　　　　　　　근대 한반도의 운명에 결정적인 영향을 미친 것은 청일전쟁과 러일전쟁이었다. 두 전쟁 모두 전쟁 당사국으로부터 과연 조선·대한제국은 누구 편이냐는 질문을 받았다. 즉 자신들의 전쟁에 지원하라는 강요였다. 조선은 초기에는 모두 거부했지만, 결국에는 두 전쟁 모두 일본을 지원하는 군사동맹을 체결했다. '누구 편인가'는 한반도가 위기상황에 처할 때마다 등장하는 질문이었다. 그리고 양자 구도하에서 누구 편이냐는 질문에 머뭇거릴 수밖에 없었던 것이 근대 한국의 비극이었다.

　　청일전쟁으로 조선은 독립되었다. 시모노세키조약 협상에서 청나라는 일본과 청나라 양국이 모두 조선 독립을 승인하는 안을 주장했지만 결국 청나라만 승인하는 것으로 귀결되었다. 한반도에서 청나라를 완전히 퇴장시킨 일본의 승리였다. 이후 일본은 러시아와의 여러 협정이나 영일동맹에서 조선 독립 조항을 넣었지만 자신들의 한반도 정책을 고려한 상대국과의 협상용에 불과했다. 청일전쟁 이후 각종 조약에서 '조선 독립' 항목이 들어간 것에 대해 대한제국은 부정적 인식보다는 일단 긍정적 태도를 내비쳤다. 언론에서 왜 대한제국의 독립을 그들 나라에서 거론하는가 하는 비판이 있었지만 독립이 국제사회로부터의 인정 문제인 한 수용할 수 있는 조항이었다. 당시 『독립신문』은 독립을 한 나라가 홀로 서고 이를 타국이 인정하는 문제로 간주했다. 따라서 각국으로부터의 인정이 중요했다. 오히려 그 인정을 받기 위한 문명개화로의 전진이 그들의 주요 관심이었다.

1895년 삼국간섭과 명성왕후 시해, 그리고 이듬해 고종이 러시아공사관으로 거처를 옮기는 아관파천으로 이어지는 일련의 국면에서 고종은 신변과 왕권에 심각한 위기의식을 느꼈다. 독립협회와 만민공동회의 시위운동은 황제권에 대한 심대한 도전으로 받아들여 탄압했다. 그 과도한 의식은 일본에 대한 망명자 문제의 비중을 크게 만들었고 결과적으로 대한제국의 협상력을 현저히 위축시켰다. 또 고종은 친위세력을 키워내는 과정에서 정치세력들 간의 경쟁과 조정을 왕권의 안정책으로 삼으면서 관료사회를 더더욱 권력투쟁으로 내몰았다. 고종이 관료들을 불신하여 이른바 탕평하려는 모습은 여러 기록에서 확인된다. 이것은 세도정권과 대원군 집정 이래의 유산이자 그동안 외척세력과 친위세력에 의존해온 이유이기도 했다. 그 결과 대한제국이 정치적으로 동원할수 있는 자산은 몹시 축소되었다. 여기다 각국 공사관과 연계된 다양한

'부외附外'세력이 등장했다.

1897년 경운궁 환궁부터 1899년 대한국국제 반포까지 대한제국은 친러시아 정책에서 조심스럽게 친일본적인 태도로 바뀌어갔다. 삼국간섭 이래 조선이 보인 친러시아 정책은 아관파천 시기 민영환의 러시아 방문과 밀약으로 정점에 이르렀다. 그러나 대한제국의 기대와 달리 러시아는 한국 문제에 개입하고자 하는 의지가 약했고, 환궁 이후 러시아군의 궁궐 수비 철수 위협과 각종 이권 요구에 대한제국은 위기를 느꼈다. 특히 1897년 말에 이르러 대한제국은 러시아의 군사교관 파견과 재정고문 파견 건으로 영국이 개입된 러일 간 충돌을 감당하는 과정에서 러시아와의 갈등이 고조되었다. 더구나 독일의 교주만 점령 이후 러시아의 여순·대련 점령 사건은 러시아에 대한 불신을 키웠다. 고종은 이러한 러시아의 압박 속에 한일 간 밀약을 통해 러시아를 견제하고자 할 정도였다.

1898년 3월 러시아는 한반도에서 후퇴하게 되는데 영국의 지원을 업은 일본의 공작과 러시아의 만주집중책 선택에 따른 결과였다. 이 사건을 전후로 고종은 그 어느 때보다 친일적인 면모를 보여주었다. 물론 서재필 같은 개화파가 조선의 러시아 접근에 위기를 느끼고 움직인 것도 분명했다. 고종은 가토 주한일본공사의 자문을 얻어 칭제건원, 러시아의 절영도 조차 및 군사교관 파견 건, 만민공동회 집회 등의 문제를 해결·대처했고, 1898년 경부철도부설권이 일본에 넘어간 것은 그 정점이었다. 가토 공사는 1899년 퇴임 직전 "본관이 취임 당시(을미사변 이후)의 상황을 비교해보면 그들이 우리에 대한, 또한 우리가 그들에 대한 상황에 실로 현저한 차이가 있다고 생각한다."라고 자평했다. 그는 수시로 고종의 자문에 응해 의견을 제출했다.

러시아와 일본이 로젠-니시협정을 체결한 이후에도 고종의 친일본적인 태도는 지속되었다. 1899년 대한제국은 청나라와의 대등한 조약을 체결하고 대한국국제를 선포함으로써 황제정에 걸맞은 국제법적 위상을 지니게 되었다. 이로써 대한제국은 대내외적으로 전통적이고 근대적 의미에서 황제국으로 자리매김했다. 한청조약과 칭제건원 과정에 일본 측의 암묵적인 지원은 큰 도움이 되었다.

『독립신문』과 초기 『황성신문』에는 동양 담론이 크게 부상했다. 한청일 삼국이 솥의 세 다리와 같다거나 같은 뿌리에서 나왔다는 삼국정족三國鼎族, 동문동종同文同種 등의 한청일 삼국의 연대에 대한 다양한 논의가 등장했는데, 실상 강한 반러시아 담론이었다. 계기는 1897년 청나라의 러시아 접근과 러시아의 여순·대련 조차였다. 동아시아 사회를 향한 일본의 발신이었지만, 조선도 반러시아 담론에 동참한 것이다. 이 시기의 동양 담론은 대한제국의 친일적인 외교정책을 유지·확장시키는 데 기여했다.

이처럼 청일전쟁 이후부터 1899년까지 조선·대한제국은 친러시아 정책에서 친일본 정책으로의 전환이 뚜렷했다. 그것은 동북아의 국제정세 변화와 함께 일본의 한국사회에 대한 치밀한 접근의 산물이었다. 그러나 일본의 도움은 러시아 견제라는 측면에서만 의미가 있을 뿐 조선의 내정개혁과 관련된 직접적인 지원은 아니었다. 게다가 조야의 일본에 대한 비판의식은 전혀 사그라들지 않았다. 가토는 고종에 대해 "만약

청일전쟁 당시 평양에 주둔한 일본군

청일전쟁 이후
러시아의 과도한 개입에 대한 반발로
다시 일본을 가까이 하기 시작했다.
대한제국의 외교는
강대국 사이에서 살아남기 위한 생존 전략이었다.

황제가 성심성의를 다할 뜻을 갖고 분연히 국정 쇄신의 성과를 거둘 결심과 용기를 일으켰다면 이것은 실로 한국의 큰 경사가 되었을 것이다. 그러나 불행히도 지극히 나약하고 지극히 시기와 의심이 많으며, 질투, 자부, 경박, 잔학성을 가지고 있어 무릇 군주로서는 심히 불합격이다."라고 평가했다. 일본의 지원 배경이 무엇인지는 말을 필요로 하지 않을 것이다.

조선의 틈새 찾기 과정은 어느 특정한 국가가 강력히 개입을 하고 있는 상황에 대한 반발이었다. 1880년대 청나라의 속방정책하에서 러시아와 미국에 접근했고, 청일전쟁 직후 일본의 보호국 정책에 맞서 러시아와 미국에 접근했으며, 이후 과도한 러시아의 개입에 따라 다시 일본을 가까이 한 것이다. 새롭게 접근하려는 국가에 비밀리에 접촉하여 조선의 보호를 의지하려는 태도는 왕조의 위기가 가장 정점에 이르렀던 청일전쟁 이후부터 아관파천 때까지 빈번하게 이루어졌다. 접근하려는 국가의 의도와 무관하게 그것은 생존의 문제로 자리 잡았다. 1899년 12월 1일자 『황성신문』은 논설에서 이 국면을 다음과 같이 표현했다. "지금의 경우에 일본과 러시아가 전쟁하더라도 근심이요, 일본과 러시아가 전쟁지 않더라도 근심이요, 일본이 이기고 러시아가 패하더라도 근심할 것이요, 러시아가 이기고 일본이 패하더라도 역시 근심할 것이다."

러시아의 만주 진출이 어느 정도 정돈되고 황제정이 출범하면서 대한제국의 외교정책은 기본적으로 중립화론으로 귀결되었다. 의화단 사건 직전 궁내부 고문 샌즈W. F. Sands는 정부대신들에게 서한을 보내, 러시아와 일본의 대한정책을 비판했다. 현재 두 나라가 대한제국을 멸망에 이르게 할 정도의 준비가 갖추어지지 않았다고 전제하고, 각고의 노력으로 개혁을 한다면 외국의 간섭을 막을 수 있으며, 특히 "여러 강국 간의 교의交誼를 골고루 치우치지 않게 하여 한 나라에만 시혜施惠하고 다른 나라와 틈이 벌어지게 하는 일을 없게 하고 (…) 일본과 러시아 양국으로 하여금 틈이 벌어지게 하는 문제를 없게 한다면" 대한제국의 독립은 달성할 수 있다고 말했다. 그리고 이를 위해 대한제국과 정치상의 이해관계에 있는 나라들에게는 이권을 주어서는 안 된다는 입장을 개진했다. 이 방침은 이후 그대로 적용되었다. 1900년 이전까지 조선·대한제국의 이권외교 방침은 이른바 이권을 통한 열강의 관심 유도 측면이 강했지만, 러일 간의 대립이 고조된 이후에는 이권 할양이 거의 이루어지지 않았다. 그것은 역설적으로 러일 간 경쟁 덕분이었다. 1901년에는 러시아와 일본이 서로 간의 관심사를 가진 경흥전선과 부산－창원 전선의 허가를 공동으로 대한제국에게 요구했지만 상대국의 반발을 들어 모두 거부하기도 했다. 그러나 샌즈의 견해는 러시아와 일본 공사 모두에게 비판받았고, 그는 1902년경에는 더이상 이런 현안에 대한 자문에 나서지 못하게 되었다.

1898년에 갖추어진 한반도에서의 러일 간 세력균형은 이후 수시로 균열이 일어났다. 재조정을 위한 양국 간 협상이 있었지만 이는 러일전쟁 시기까지만 유지되었다. 이미 한반도 문제에다 만주 문제까지 겹치면서 세력균형은 언제 무너질지 모르는 불안정한 상황이었다.

다자관계와 양자관계에서의
독립

1900년 의화단 진압 과정에서 10만 명 이상의 군대를 동원한 러시아의 만주 점령은 대한제국에 엄청난 충격을 주었다. 당장 군사력을 증강하여 두만강과 압록강 연변에만 2000명 정도의 증병이 이루어졌다. 또 이를 위해 증세 조치가 뒤따랐고, 정부의 재정 지출에 군사 예산이 차지하는 비중이 크게 늘어났다. 의화단 같은 민란의 가능성에 대비해 활빈당, 동학당에 대한 대대적인 탄압이 이루어졌다. 그리고 망명자에 대한 감시와 소환을 위해 일본과 협상을 시도했다. 1900년 의화단 사건은 대한제국에 그 어떤 사건보다도 위기의식을 불러일으켰다.

의화단 사건 직후 러시아군이나 이른바 '청비淸匪'가 국경선을 침범해 혼란이 생기고 그 진압을 빌미로 러일 양군이 충돌할지 모른다는 우려가 나왔다. 특히 만주를 장악하고 있던 러시아는 자신들의 위치상 걸림돌이 생기지 않도록 극도로 신중했다. 러시아는 한국 국경에서 군사작전을 할 때마다 이를 일본정부에 통보했고, 한국의 변경 군사력 증강에 긍정적인 태도를 보였다. 이어 러일 양국의 충돌을 막기 위한 한반도 분할론, 만한 분할론 등의 논의가 러시아와 일본에서 쏟아져나왔다.

이 시기는 위기 담론이 지배했다. '안불망위安不忘危' 감각이었다. 당시 『황성신문』은 만주와 한반도 혹은 중국과 조선의 역사를 거론하며 중국과 만주의 혼란이 한반도에 어떤 영향을 미쳤는지 고조선부터 명청교체기의 사례까지 끌어왔다. 그러면서 러시아와 일본의 한반도에 대한 의도가 무엇인지를 구체적으로 논증했다. 일본은 한반도에 농업이민에 절대적 이해를 갖고 식민정책을 추진하고 있으며, 러시아는 만주 문제 때문에 반드시 한반도를 지켜야 했다. 만약 양국이 충돌하여 누가 이기더라도 대한제국에는 불행한 일이라며 관료와 인민의 각성과 개혁을 주문했다. 『황성신문』 지상에서 가장 뜨거운 논쟁 주제는 일본인 이민 문제였다. 과연 수용해도 괜찮은지, 막는다면 어떤 방법으로 할 것인지가 쟁점이었다. 또 세계적으로 정치 당파의 근원을 국시國是를 다투는 당, 권력을 다투는 당, 외국에 의뢰하는 당으로 구분하면서 가장 문제가 심각한 것은 마지막 무리이며 그래서 일당日黨과 러시아당俄黨은 멸망의 화근이라는 비난도 빠트리지 않았다.

의화단 사건 이후 대한제국은 일본과 협상에 나섰다. 1900년 고종은 현영운과 조병식, 1901년 박제순을 각각 파견했다. 조병식의 방일에 대해 일본은 차관 제공과 상비군 창설을 제안하며 자신들이 구상하는 양국 국방동맹을 끌어들이려 했다. 고종은 조병식을 통해 벨기에를 모델로 한 한국 중립화 안을 제시했지만, 러시아 공사의 반발과 일본의 무관심으로 결국 철회했다. 박제순의 일본행은 더욱 분명했다. 그는 일본의 국방동맹 체결 요구를 수용하면서도 제3국과의 동맹 체결도 용인해줄 것을 주장했다. 이처럼 의화단 사건 이후 조선 외교의 방향은 일본을 먼저 향했고, 이를 지렛대 삼아 러시아를 끌어들일 여지를 두고자 한 것이다. 그러나 일본은 전혀 움직일 마음이 없었고 국방동맹 방침만을 재확인했다. 대한제국이 다자관계 속에서 조선 독립을 모색한 반면, 일본은 한일 양자관계 이외에는 받아들일 마음이 없었던 것이다.

고종의 한반도 중립화 제안과 별개로 러일 간에도 한반도 중립화 협상이 시작되었다. 러일이 주동이 되어 열국이 공동보호하는 구상이었다. 1901년 1월 도쿄에서, 7월 모스크바에서 러시아는 일본에 한국의 중립화를 제안했지만, 만주 문제와 한국 문제를 분리하지 않겠다는 일본의 태도 탓에 성사되지 않았다. 11월 모스크바에서 재차 러시아와 일본 간에 한반도 중립화 안을 논의했지만, 러시아 정부 내에서는 한반도를 중립화하면 일본이 만주도 중립화하자는 주장을 하고 각국이 이에 동조할 가능성이 높을 것이라는 주한러시아공사 파블로프의 의견에 압도되었다. 러시아도 만주와 한반도를 분리하지 않고 접근했고, 특히나 러일 양국을 제외한 국가들의 간섭을 우려했다. 한국 문제가 만주 문제와 철저히 연동된 결과 한국 중립화의 가능성은 더욱 줄어들었다. 러일 양국이 준비한 중립화 안은 한국의 안과는 분명히 달랐다. 게다가 일본은 고무라 외교를 통해 영일동맹을 준비하고 있었다.

대한제국은 러시아와 일본 간의 구체적 협상을 알 길이 없었고, 자신들의 제안이 번번이 거절되는 것에 커다란 좌절을 느꼈다. 1901년 프랑스와의 운남신디게이트 협상과 경의철도 부설권 논의는 그런 상황에서 프랑스와의 연계를 모색하는 데 중요한 계기가 될 수 있었다. 그러나 이것도 일본의 강력한 개입으로 좌절되었다. 러시아와 일본의 상호견제 때문에 대한제국이 제3국에 이권을 주는 것조차 차단된 것이다. 이권외교가 한국 중립화에 어떤 역할도 할 수 없는 상황이 되었다.

1902년에 영일동맹이 체결되자 다시 한번 위기가 고조되었다. 청나라와 대한제국의 독립 승인을 조항으로 한 영일동맹 발표 직후 고종은 각종 개혁 조치를 제시하고 내각개편을 단행했다. 이윽고 러시아와 프랑스 간의 공동선언이 나오자 세력균형이 더욱 공고해졌다고 판단했다. 게다가 러시아의 만주 철군 협상이 타결된 것도 크게 작용했다. 이러한 인식의 한계는 분명했지만, 한국의 독립은 국제사회로부터의 인정을 통해 확립되는 것이라는 감각을 바탕으로 영일동맹과 러불선언 사이의 틈을 찾아나간 것이었다.

1903년 8월 러일개전설이 일본으로부터 타전되었다. 곧바로 양국의 의도를 확인하고 전쟁 발발 시 중립국임을 승인받고자 일본에는 주일공사관을 통해 의견을 전하고, 프랑스와 러시아에는 현상건을 특사로 파견했다. 그러나 일본은 의례적인 답변에 그쳤고, 프랑스 측과는 제대로 만나지 못했으며, 러시아는 대한제국의 제안을 일축했다. 결국 대한제국이 동원할 수 있는 외교적 수단이 거의 없는 가운데 러일전쟁 국면을 맞게 되었다.

러일개전설이 나오자 언론에서는 그 어느 때보다 동양 담론이 압도했다. 러시아의 만주정책에 대한 부정적 시각을 견지하는 가운데, 러일전쟁의 불가피성을 인정하면서도 한국 독립이 도리어 일본에 의해 위협받을지 모른다는 위기감의 발로였다. 이 시기 동양연대론은 반러시아 담론도 작용했지만 일본과의 외교적 교섭이 좌절된 가운데 일본에 대한 지역공동체의 일원으로서 발언한 것이었다. 일본의 대조선정책에 대한 일종의 견제이자 호소였던 것이다. 물론 위기에 봉착할 때 반드시 등장했던 도덕적 권고에 불과한 측면이 강했다. 앞서 말한 이민 문제에 대해 한 지식인은 일본이 후회하여 스스로 그치기를 바라며, 이것이 황인종을 부식시키는 선각자 일본의 대의大義라고 했다. 그러면서 일본은 강약強弱의 형세에 의지하지만 우리는 주객主客의 권한을 믿는다고 덧붙였다.

대한제국의 외교는 대부분 비밀교섭 형태였다. 그리고 그것을 주도한 인물은 고종이었다. 외부 관리를 지낸 유기환은 "대체로 우리 폐하는 천성이 영매하게 뛰어나실 뿐 아니라 친정親政하신 이래 적극적으로 직접 외교와 내치의 중심을 맡으신 경험상으로 신하의 계획이 미치지 못할 정도의 외교 사상을 지니고 계시며, 또 각종 음모 또는 간첩의 수단을 통해서 외부 세상의 행동을 문서를 통해 알고 있으므로 인접한 이웃 국가와의 관계에서 중대한 안건에 대하여 당국當局의 책임자에게 자문하는 일 없이 판정하는 일이 많고 따라서 당국 대신은 크게 당황스러운 바가 있다. 그렇지만 폐하의 외교 요지는 대체로 언제든지 애매한 사이에 시국을 지연시킴으로써 궁극에는 사태를 더욱 복잡하게 한다. 특히 러시아에 대한 외교에 있어서는 더욱 이 점이 현저하다."라고 했다.[3] 이 시기 고종은 러시아의 거제도 해군기지 조차 문제나 일본의 해저전선부설권 등의 현안을 언제나 상대국 공사에게 전달함으로써 두 국가를 서로 견제하게 했다. 일본과 러시아의 외교문서를 보면, 양국의 공사를 따로 만난 자리에서 상대국을 비난하는 고종의 발언을 쉽게 찾아볼 수 있다. 이들 공사는 자신들의 요구가 관철되지 않으면 고종에 대해 항상 결단력이 부족하다는 평가를 했다. 일본공사 하야시는 이를 고종의 '형세방관주의'形勢傍觀主義라 칭했다. 고종으로서는 분명한 입장을 개진하기보다 이들의 요구를 지연시킴으로서 대한제국의 이익을 지키려 했다. 모두 러일 간 세력균형의 산물이었다. 이것이 가장 적실하게 드러난 것은

대한제국의 외교는
대부분 비밀교섭의 형태였고,
이는 고종이 주도했다.
그는 열강들 사이의 세력균형을 통해
한반도를 지키고자 했다.

제복을 입은 대한제국의 고종

러시아의 용암포 점령과 일본의 의주 개항 요구였다. 갈등은 첨예했지만, 실상 두 문제는 전쟁을 앞두고 있던 양국의 충돌이 드러난 것에 불과했다. 의주 개항은 전혀 다른 맥락에서 1904년에야 이루어졌다.

이처럼 1900년 만주 문제가 대두되어 한국 문제와 연계되면서 러일은 한국의 중립화에 부정적 입장을 보였다. 러시아가 잠시 한반도 중립화에 관심을 둔 것은 만주 지배를 안정화시키려는 구상으로, 1898년 여순·대련 점령 후 로젠―니시협정의 타결과 같은 맥락이었다. 그러나 이것조차도 1903년에는 신노선이 등장하면서 완전히 폐기되었다. 러일은 1898년 구상과 동일한 안전판을 두고자 협상했지만 의화단 사건이라는 변화된 국면에서는 이루어질 수 없었다.

세력균형은 러시아와 일본의 한국 침탈을 막을 수 있는 장치이기도 했지만, 대한제국이 역동적으로 추진하는 여러 정책에 걸림돌이 되었다. 화폐개혁 자금용으로 염두에 둔 운남신디게이트 차관 협상과 프랑스와의 경의철도 부설권 협상 모두 일본의 개입으로 좌절되었다. 차관 과정에서 담보로 제공할 해관세의 안정적 장악을 위해 영국인 총세무사 브라운을 해임하려 했지만, 일본과 러시아의 강력한 반발로 관철시키지 못했다. 그러나 간도 문제의 경우에는 러시아의 적극적인 지원 속에서 한정적인 의미에서의 간도정책을 추진할 수 있었다. 세력균형 국면에서 러시아의 간도 문제 지원은 대한제국이 받은 선물이었고, 이것은 러시아의 주요 관심사였던 경흥과 마산포 등지에서 우호적인 협상을 기대한 것과 무관하지 않았다.

이 시기 흥미로운 것은 대한제국과 청나라의 관계이다. 1899년 통상

조약으로 대등한 외교관계를 구축했고, 수천 명의 재한화상在韓華商이 있었다. 그런데 대한제국 시기 양국의 교섭현장을 뜨겁게 달구었던 것은 국경 문제와 한인보호 문제였다. 대한제국은 러시아의 지원을 배경으로 거의 일방적인 간도정책을 추진했다. 또 1903년 러시아의 용암포 점거에 맞서 일본이 의주 개항을 주장하자, 대한제국은 청나라의 입장을 확인한 다음 결정하자는 태도였다. 청나라는 한반도에서 벌어진 러일 양국의 충돌 과정에 불려나온 형국이었다. 러일전쟁 직전 이용익을 만났던 허태신은 과거와 달라진 대한제국 관료들의 태도를 확인하고 당혹감을 피력하기도 했다.

19세기 조선 독립과
21세기 한반도 평화

대한제국의 외교정책에 대해 '한국은 한반도에 대한 열강들의 정책과 주변 정세의 변화를 근본적으로 파악하지 못하고 부질없이 열강의 보장과 이들 간의 균형만 추구했다. 개별 국가를 상대로 한 보장 획득이나 강대국을 끌어들인 가운데서 균형을 추구하는 것은 현실적으로 한반도 문제를 해결하기보다는 관련 국가들 간의 대결을 조장하는 부정적인 결과만 초래했을 뿐이다.'라는 비판은 일면 타당하다. 그러나 이 설명이 결과적으로 타당하다 할지라도 양자 관계 속에 한반도를 위치지우기보다는 다자관계 속에 자리매김하는 것이 한국 독립의 유효한 수단이었음은 부인할 수 없다.

근대 한국은 조공질서와 조약질서에 가탁하면서 자국의 독립과 이익을 지키고자 했다. 이를 의존성이라 부르거나 '用○論'이라 규정해도 될 것이다. 그런데 어떤 경로로 생존하고 평화를 유지할 것인가. 우리의 의도대로 움직여주지 않는 국제현실이 존재했다. 그 틈이 쉽게 발견되지 않았지만, 중립화 외교노선은 불가피하고 적절한 방침이었다.

조선은 국제사회에 무엇을 발신하고자 했는가. 일단 국제정세가 분명히 강약의 형세임을 알지만 주객의 문제가 우리의 관심이라는 태도는 분명 주체적 접근이었다. 또한 만국공법의 의례적 측면에 주목한 것은 근대이행기의 특징이었다. 조선 독립이 동양 평화의 관건이라는 태도를 끊임없이 주장하면서 인종론을 차용하기도 했지만, 실상 이는 한반도의 지정학적 가치를 최대한 부각시킨 것이었다. 조선은 한반도의 중립화를 통한 동등한 독립국으로서의 자립을 추구했다. 그러나 외부 수신자의 시선은 다른 곳에 가 있었다. 조선의 군사력 면에서의 자립 정도, 합리적 관료제와 행정체계 등에 의문을 품고 있었다. 특히 황제를 비롯한 지배층의 분열과 부패를 비판했다. 곧 독립국으로서의 자립 여부 판단 기준은 내정개혁을 통한 문명개화 정도였다. 물론 그 판단은 전적으로 그들의 몫이었다. 결국 대한제국의 독립이 인정의 영역인 한 발신자와 수신자의 불통 과정에서 독립을 지켜내는 것은 불가능했다. 굳이 수신자를 신경 쓸 필요가 있는가라고 할 수 있겠지만, 대한제국은 국제사회의 수신자로부터 승인받는 것을 독립으로 간주했기 때문에 그럴 수밖에 없었다. 국제사회로부터의 인정을 통한 독립성취는 임시정부의 외교독립론을 거쳐 대한민국정부 수립으로 이어졌다. 요체는 한국은 세계를 향해 어떤 가치를 발신할 것인가의 문제다.

대한제국에는 외교적 자산이 많지 않았다. 고종이 중심이 된 외교에는 인적, 제도적 장치도 미비했다. 각종 경제이권 카드를 활용할 수 있었지만, 정작 세력균형하에서 이권외교를 스스로 중단했고, 몇몇 시도는 러시아와 일본에 의해 저지되었다. 중립화 외교정책은 적절한 방침이었지만, 대한제국에서 가장 오랫동안 외부를 지켰던 박제순의 말로에서 알 수 있듯이 결국 실패했다. 중립화 외교를 수행할 인적, 물적 자원 자체가 부재했다. 이 시기 중립화 외교론을 다룬 어떤 저술도 눈에 띄지 않는 것도 같은 맥락이다. 러일전쟁 발발 직전 전시중립국 선언을 했지만, 현실에서는 아무런 의미도 가지지 못하고 일본의 국방동맹에 의해 완전히 잠식되고 말았다. 러일전쟁 종결 후 대한제국은 밀사외교에 집중했지만, 마지막 몸부림이었다.

구한말의 국제정세와 오늘날을 즉자적으로 비교하는 것은 적절하지 않다. 오늘날 한국의 위상도 다르고 열강들의 조건도 다르므로 단순히 고래 싸움에 '등 터지는 새우'가 아니다. 다만 내정개혁과 정치세력의 통합이라는 요구는 여전히 중요한 과제일 것이다. 남북 문제를 포함해 한반도 내부에 동원할 수 있는 자원을 효율적으로 조직하는 것, 그리고 이를 한반도에서부터 발신하여 세계와 소통하는 것이 관건이다. 19세기 조선 독립과 21세기 한반도의 평화를 위해 국제사회를 향해 설득할 수 있는 논리와 힘을 확보하는 것은 시대가 달라져도 여전히 유효한 문제일 것이다. 동시에 미국의 대체재로서 곧바로 중국을 대입할 수 없다는 것도 바로 청일전쟁 이후부터 1899년까지의 경험이 잘 보여주고 있다.

또한 미국과 중국의 갈등 국면에서 어느 한 나라의 손을 들어주는 행위는 1900년부터 1904년까지 러일 간 각축 속에서 지연책을 보여준 대한제국의 외교정책이 반면교사가 될 수 있을 것이다.

가끔 한국의 높은 국제적 위상과 대비되는 강대국 사이의 외교력을 두고 이해할 수 없다는 해외 언론 보도를 접하게 된다. 한국의 지정학적 운명인가. 그렇다면 그 어느 나라보다 외교가 중요하다. 체면과 의존, 그러면서 늘 다자관계를 모색했던 19세기의 경험은 소중하다. 다만 이를 무매개적으로 끌어오는 것은 적절하지 않다. 그때와는 너무나 다른 세상에 있기 때문이다. 1970년대 데탕트 분위기는 오늘날 중국의 성장과 패권화, 미국의 아시아 재균형 정책 앞에 놓인 한국인들의 당혹감과 무관하지 않을 것이다. 당시 불현듯 중립화론이 화두가 되었던 경험을 새롭게 정리함으로써 현재의 당혹감을 상대화시켜보는 것은 어떨지 하는 생각을 가져본다.

3

3·1운동,
서로 다른
세 개의 기억

이기훈

연세대학교 국학연구원 부교수. 서울대학교 국사학과에서 박사학위를 받았다. 주요 저서로 『청년아 청년아 우리 청년아』 『일제하 광주·전남의 민족운동』 『식민지 공공성』(공저) 등이 있고, 주요 논문으로 「1920년대 『어린이』지 독자공동체의 형성과 변화」 「집회와 깃발: 저항 주체 형성의 문화사를 위하여」 「강기문 씨 따라가기: 식민지 한 행상의 삶과 길」 등이 있다.

2016년 말 한국은 가히 '촛불의 시간' 속에 있었다고 해도 좋을 것이다. 기존의 정치 제도와 세력, 고정관념을 뒤흔든 이 거대한 저항과 변화를 무엇이라 부를 것인가. 일부 사람들은 여러 방식으로 이 대중 저항과 투쟁에 이름을 지었다. 하지만 이 대중운동이 단순한 정치 부패와 무능에 대한 반발이 아니라 한국사회의 현실에 대한 전반적인 분노에서 출발하고 있으며, 놀라운 다양성과 역동성을 포함하고 있다는 것, 그리고 2017년 벽두를 기준으로 끝나지 않았다는 것 정도 외에는 설명할 수 있는 것이 많지 않았다. 변화를 일으킨 주체부터 확연히 달랐다. 지금까지 정치 변화를 설명할 때 등장했던 세력들은 부패하거나 무력했다. 정당은 말할 것도 없거니와 학생운동이나 노동운동 같은 사회운동 세력들이 기획한 것도 아니었다. 촛불을 든 시민들은 극히 다양한 형태로 스스로 주체가 되어 참여했다. 참여의 형태도 달랐다. 분노는 극명했으나 표출의 방식은 다양했다. 심지어 참여와 구경, 저항과 놀이의 경계도 불분명했다.

이런 다양성과 역동성이 현재에만 있는 것은 아니다. 2019년이면 100년을 맞는 3·1운동은 여전히 새로운 역사적 사건이다. 교과서에서 배우는 3·1운동의 역사적 의의는 전민족적 항쟁, 민족자결주의, 대한민국 임시정부의 성립 등이다. 틀린 것은 아니지만, 그것은 국가 혹은 국민의 관점에서 바라본 3·1운동의 성격이다. 당시를 살았고 운동에 참여했던 사람들에게 이 운동의 의미는 입장에 따라 다를 것이다. 촛불을 든 시민들을 한마디로 정의할 수 없듯이 3·1운동에 참여한 사람들의 생각과 의지 역시 '민족' 또는 '독립'이라는 한두 단어로 전부 설명할 수 없다.

이 글에서는 3·1운동의 또 다른 측면을 3·1운동에 참가했던 세 사람의 삶을 통해 복원해보고자 한다. 주인공 세 사람은 양주흡梁周洽, 이덕순李德順, 장병준張柄俊이다. 1919년 이덕순은 경기도 안성의 농민이었고, 양주흡은 일본에서 유학 중인 학생이었으며, 장병준은 유학을 다녀온 인텔리 청년이었다. 양주흡과 장병준은 근대적 지식을 갖춘 엘리트였지만, 양주흡은 함경도 북청, 장병준은 전라도 섬마을 출신이다. 전통적인 관점에서는 변방 중에서도 변방인 셈이다. 3·1운동은 이들이 변방과 주변, 전통적 공동체에서 근대적 민족과 민중의 세계 속으로 완전히 뛰어들게 되는 계기였다. 그 과정을 따라가보자.

만세 시위의 현장

3·1운동에 참여했던 사람들에게
이날의 의미는 각자 다를 것이다.
'민족' '독립'이라는 한두 단어로 설명할 수 없는
그 무엇이 당대인들의 가슴속에 자라고 있었다.

1919년 1월
도쿄의 밤

1919년 1월 5일 밤 11시, 메이지明治대학교 법학과에 재학 중이던 도쿄 유학생 양주흡(22세)은 웅변대회에 참석한 후로 잠을 이루지 못하고 있었다.[1] 주로 국제정세와 민족의 운명에 대해 여러 연사들이 토한 격정을 그 또한 지니고 있었다. 그는 작년 11월 22일 『학지광學之光』이라는 유학생 학우회 기관지를 내는 편집부가 주최한 현상 웅변대회에서 도쿄고등사범학교에 재학 중이던 서춘徐椿이 했던 주장을 되새겼다. 서춘은 미국과 영국이 정의와 인도, 자유와 평등을 주장하면서도 필리핀과 인도를 독립시키지 않는 상황에 의문을 제기하면서 낙관적 정세관을 경계했다. "우리는 말보다 먼저 실력 양성에 노력하고 뒤에 정의 인도를 고창해야 할 것이라고 믿는다."는 것이었다. 양주흡은 그 주장에 공감했다. 그는 일기에 이렇게 썼다. "이 시대는 국제연맹, 해양자유, 민족자결주의를 장차 실현하려고 하는 때이지만, 우리 국민은 밤낮 암흑 세상이다. 이 좋은 시기를 잃는다면 이와 같은 시기가 오기 어려울 것이나, 우리 청년과 우리 운동의 시기는 아직 시기상조인 것이 유감이다 (…) 평안히 잠을 이룰 수 없는 때가 바로 이 시기다." 이 기록은 3·1운동을 주도한 지식인들이 윌슨의 민족자결주의가 패전국에게만 적용되는 원칙이라는 사실을 무시했다는 통념이 잘못되었다는 것을 보여주는 사례다. 좋은 시기이기는 하지만 외적 여건이 성숙하지 못하고 내적 역량도 미비한, 그래서 잠 못들 정도로 고민이 되는 시기였던 것이다. 1918년 하반기부터 낙관적 정세관이 확산되었지만, 민족자결주의의 적용 방식에 대한 다양한 의견들이 제시되었고, 그에 따른 실천적 고민들도 나왔다.

『학지광』을 만드는 도쿄 유학생 학우회 편집부가 다시 웅변대회를 열었다. 이번 모임에서는 유학생들이 공식적으로 일본정부에 조선 독립의 문제를 제기하고 각국 대사관에 가서 시위를 벌이기로 결정했다. 양주흡은 감격했다. 이런 독립운동이야말로 "평화 자유 인도를 모르더라도 감탄하지 않을 수 없는 일이며, 우리나라 민족과 강토를 구제하고 동시에 동양 평화를 유지하고 세계 영구적 평화를 지키는 일"이라고 생각했다. 그러나 이날의 모임은 해산되었고 주최 측은 경시청에 소환되었으며, 집회는 무기한 연기되었다. 양주흡이 보기에는 답답하기 짝이 없는 일이었고 자신이 당장 무엇이라도 해야 할 것 같았다. 그러나 함경남도 북청에서 유학을 보내준 부모와 가족의 기대를 생각하면 쉽게 결정할 수 있는 일도 아니었다. 차라리 미국 유학을 떠나볼까 하는 생각으로 번민하는 밤이 이어졌다. 사실 양주흡의 생각과 달리, 유학생 지도부가 아무것도 하지 않고 있던 것은 아니었다. 유학생 지도부는 공개적인 활동이 어려워지자 비밀리에 2·8독립선언을 준비하고 있었지만, 인맥이 넓지 않았던 양주흡은 이 사실을 알지 못했다.

1919년 1월
서울

1919년 1월 23일, 양력으로는

외국에서 공부하던 학생들에게도
고종의 죽음과 3·1운동 소식은 큰 자극이었다.
많은 학생들이 고국으로 돌아와
독립운동에 참여하는 계기가 되었다.

2·8독립선언을 준비했던 재일 유학생들

새해가 된 지 한참 지났지만 조선인들에게는 이제 세밑이요, 곧 설이었다. 그런데 충격적인 소식이 전해졌다. 1월 22일 고종이 덕수궁에서 뇌일혈로 세상을 떠났다고 조선총독부가 발표했지만, 시중에는 고종 황제가 독살당했다는 소문이 파다하게 퍼지고 있었다.[2] 경기도 안성군 원곡면 내가천리에 사는 이덕순(41세)은 음력 2월, 양력으로 3월 말에 있을 큰아들 혼사 준비로 경성에 왔다가 이 소문을 들었다.[3] 참을 수 없는 일이었다. 순진한 마을 노인들은 고종이 돌아가셨다고 곡만 하고 있을 것 아닌가. 이 모두가 조선이 일본의 식민지가 되었기 때문에 생긴 일이었다. 이덕순은 어렸을 때 고아가 되어 데릴사위로 들어온 처지라 교육을 제대로 받은 적이 없었다. 시골에서 부지런히 일해 제법 재산도 모았고, 동네에서 인심도 잃지 않았으며 나름 현명한 사람으로 대우받던 터라, 서울에 온 김에 만난 똑똑한 친지가 비밀스레 여러 이야기를 전했다. 임금의 독살 소식도 충격적이지만, 세계정세의 변화나 정의니 인도人道니, 조선의 독립이니 하는 이야기는 더욱 놀라웠다. 그는 우리도 뭔가를 해야겠다고 다짐했다. 이미 장가갈 아들까지 둔 이덕순이었지만, 그는 원곡의 3·1운동에서 처음부터 끝까지 주도적인 역할을 수행했다. 학교를 졸업한 지식인들이나 마을 서당의 훈장들도 주도층으로 동참했지만, 이덕순의 역할도 여전히 중요했다. 이는 3·1운동에 참여한 세대나 계층의 다양성을 보여준다.

고종 황제가 세상을 떠났다는 소식은 도쿄에도 전해졌다. 양주흡은 결단을 내렸다. 이미 미국으로 유학가겠다던 계획을 취소하고 조선으로 귀국해 조선의 독립을 위해 매진하겠다고 결심한 그였지만, 고종의 죽음이 하나의 기폭제가 되었다. 사건 자체로도 큰 충격이었지만, 옛 시대가 끝나는 상징적인 사건으로 받아들여졌다. 수많은 인민들이 고종의 장례를 보기 위해 경성에 모여드는 이날은 '혁명'을 일으킬 좋은 기회였다. 양주흡에게는 조선의 독립, 건국과 혁명은 분리된 것이 아니었다. 양주흡만이 아니라 당대의 많은 사람들은 조선의 독립이 혁명 없이는 불가능하다고 여겼고, 조선의 혁명은 곧 독립을 의미한다고 생각했다.[4] 말보다 실력 양성이라고 생각했지만, 지금은 혁명의 시기였다. 아일랜드의 독립전쟁은 이러한 생각에 힘을 실어주었다. 1919년 1월 아일랜드는 독립선언을 발표하고 영국 병력의 철수를 요구하는 독립전쟁을 시작했다. 조선의 인민들과 함께 혁명과 독립을 부르짖을 날을 위해 그는 속히 귀국해야 했다. 귀국 전 웅변과 연설, 세계정세, 혁명사에 관한 책을 사서 모으고 읽기 시작했던 것 또한 혁명을 위한 준비였다. 1918년 말 일본에 있던 769명의 조선 유학생 가운데 2월 8일부터 5월까지 조선으로 귀향한 학생이 359명이고, 그중 117명이 경성에 들어왔다. 이들은 혁명의 꿈을 마음속에 품고 있었다.

조선 독립과 혁명의 결단을 내린 것은 장병준(27세)도 마찬가지였다.[5] 재작년(1917년) 니혼日本대학교 유학을 포기하고 돌아온 이래 여러 사람들을 만나면서 준비해온 것들을 이제 본격적으로 시작할 때가 되었다고 생각했다. 보성전문학교 선배이고 일본 유학 시절부터 절친했던 이춘숙李春塾도 연락을 해왔다. 이제부터 조선에서 혁명이 시작될 터였고, 목숨을 바쳐 끝까지 싸울 준비가 되어 있었다.[6]

양주흡과 장병준 외에도 당시 운동에 참여했던 많은 지식인들이 '혁명'에 함께하는 것이 자신의 의무고 운명이라고 생각했다. 이런 점에서 3·1운동을 혁명이라고 파악해야 한다는 최근 일련의 주장은 타당성이 있다. 독립은 그 자체로 반제국주의의 혁명적 과제이기 때문이다. 이미 대동단결선언에서 드러난 것처럼 공화제가 일반화되고 있었고, 3·1운동은 공화제 정부를 구현하는 실천적 혁명 과정이었다. 또 그 결과로 대한민국 임시정부라는 성과를 가져왔고, 이것이 오늘날 대한민국 정부의 법적 기원이라는 점도 3·1 '혁명'이라는 이름이 가지는 타당성 중의 하나다. 그러나 3·1운동 속에는 앞으로 살펴볼 것처럼 공화제를 향한 근대 정치적 지향만이 아니라 공동체적 유대를 기반으로 한 투쟁, 어떤 면에서는 농민투쟁의 마지막 단계라는 성격도 포함하고 있다. '혁명'이라는 규정 속에 이 역사적 사건의 다양한 성격들이 매몰될 가능성도 있다. 그러므로 이 글에서는 3·1운동이라 부르도록 하겠다.

3월 1일,
그날 이후

저녁 무렵 이덕순은 경성역에서 같은 마을에 사는 최은식, 남경우와 함께 평택으로 내려갈 기차를 기다리고 있었다. 생각해보면 기적과 같은 감격적인 하루였다. 조선인들이 이런 대단한 일을 벌일 줄 누가 알았으랴! 수많은 사람들이 모여 만세를 부르고 행진하는데도, 일본 헌병들은 제대로 대응조차 하지 못했다. '태서泰西'의 큰 전쟁도 끝나고 큰 나라들이 조선 같은 작은 민족들을 독립시켜주기로 했다고 했다. 이제 조선 곳곳에서 이렇게 만세를 부르면 일본인들이 물러가지 않을 수 없으리라. 조선은 이미 독립한 것이나 다름없으니, 마을로 돌아가서 사람들을 모아 만세를 부르고 왜놈들을 쫓아내리라. 이덕순은 결심했다. 사실 이덕순은 그제부터 경성에 와 있었다. 주변에야 아들의 혼수를 마련하고, 3월 3일의 국장을 볼 거라고 말했지만, 사실은 3월 1일의 이 거사를 알고 있었다. 만세 시위에 열심히 참여했던 사람으로서는 시위가 끝난 다음에는 경성에 머무르기보다 부리나케 집으로 내려가는 것이 안전했다.

그의 마을에서는 경성보통학교를 졸업한 최은식崔殷植(21세), 경성공업전수소를 졸업한 남경우南慶祐(27세)가 고종의 장례에 참석한다는 핑계로 역시 경성에 올라왔다. 나중에 일본 검찰 조사에서 남경우는 3월 1일의 만세 시위에 참여했으나 최은식이나 이덕순을 본 적이 없다고 했고, 최은식은 자신이 만세 시위에 참가하지 않았다고 했다. 실제로 이들 세 사람이 올라온 일정은 달랐다. 그러나 이들이 함께 내려간 것은 사실이다. 사전에 약속이 없었다면, 전화 연락도 어렵던 그 시절, 특히 3월 1일 그 북새통 속에서 어떻게 자연스럽게 만나 같이 내려올 수 있을까? 그리고 이후의 행적으로 보아 이들은 3월 1일 시위에 대한 정보를 가지고 있었고, 3월 1일 행동을 같이 했을 가능성이 크다.

이덕순은 생애 처음 조선 민족이라는 말을 실감했다. '내가 조선 민족이다'라는 자각이 그를 움직였다. 그의 눈앞에 조선 민족인 민중들이 대열을 이루고 있었고, 그 속에 자신도 포함되어 있었다. 독립만세의 함성이 세상을 흔드는 듯했고, 자신의 목소리가 혹시 들리지 않을까 더 높

고종의 장례식

1919년 새해 벽두부터 들려온 고종의 죽음 소식은
많은 이들을 충격에 빠뜨렸다.
거기에 더해 독살 소문까지 퍼지자 사람들은
무언가를 하지 않으면 안 되겠다는 생각을 했다.

이 외쳐야 했다. 이렇게 한목소리를 내는 조선인들의 나라, 조선이 독립하는 것이 지당한 일이고 우리 고장에서도 반드시 해야 하는 일이었다. '민족'을 자각한 이덕순은 이 생각을 확장해나갔다. 안성 원곡면 마을로 내려간 이덕순은 최은식과 함께 면사무소가 있는 옆 마을 외가천리의 서당 훈장 이근수李根洙, 주막을 운영하는 이희룡李熙龍, 칠곡리 서당 훈장 이유석李裕奭과 자주 만나기 시작했다.

경성역에는 떠나는 사람이 있는가 하면, 어렵게 발을 디딘 사람도 있었다. 3월 1일 오후 4시 50분 경성역에 도착한 양주흡으로서는 땅을 칠 노릇이었다. 격렬한 만세 시위 대열이 이미 경성 시내를 다 누비고 지난 다음이었으니 그로서는 하릴 없이 여관이나 찾을 수밖에 없었다. 3월 2일 북청 출신의 도쿄 유학생 김유인, 이춘균, 고병남 등이 묵고 있는 하숙집에 숙소를 정한 그는, 3월 내내 만세 시위에 대한 정보를 찾아다녔으나 늘 한발 늦거나 실패로 끝났다. 3월 4일 시위는 다음 날로 연기되었고, 정작 5일 시위에 갔더니 경찰에 의해 해산되었다. 10일의 시위에 찾아갔을 때도 이미 다수의 사람들이 체포된 다음이었고, 12일 오후에도 이미 끝나고 경찰들만 서 있었다. 더이상 울분을 견딜 수 없던 차에 3월 25일 밤 11시나 되어서야 경복궁 부근에서 소수의 사람들과 만세를 부를 수 있었다.

3월 1일 장병준이 무엇을 했는지에 대해서는 남아 있는 기록이 전혀 없지만 그의 이후 행적을 통해 가늠해볼 수 있다. 사실 이 대목에서 양주흡과 장병준은 간접적으로 연결된다. 양주흡의 북청 향우이며 경성의 같은 하숙집에 묵었던 이춘균과 김유인은 이미 경성에서 만세 시위를 준비하던 학생 그룹과 연결되어 있었다. 김사국 등이 중심이 된 이 그룹의 한 사람인 주익이 이들에게 3월 1일의 시위 정보를 전했다. 그리고 이 정보를 전달받은 사람 중에는 장병준도 포함되어 있었을 것이다. 이들이 중심이 된 조직활동에 그도 참여하고 있었기 때문이다. 아마도 그는 탑골공원에서 시작된 일련의 투쟁 한가운데 있었을 것이며 3월 5일 무렵까지도 서울에서 투쟁을 준비했을 것이다.

변방에서 울리는
만세의 함성

　　　　　　　　　고향에 내려온 장병준은 장산도 주민 수십 명을 대리 마을 사정射亭에 모아놓고 연설을 시작했다. 그는 서울에서 일어난 만세 시위 소식을 전하면서 만세운동에 동참할 것을 호소했다. 그리고 대열을 이끌고 주변 마을들을 행진하며 독립만세를 불렀다.[7] 참여자는 수십여 명에 불과했지만, 주변의 다른 어느 지역보다 먼저 일어난 사건이라 파급력이 컸다. 장병준은 주도면밀하게 도피 준비까지 미리 세워놓고 있었다. 이날 오후 2시까지 만세 시위를 벌인 장병준은 함께 시위를 주도했던 김극태, 고제빈 등과 함께 바로 섬을 떠났다.

　장산도의 만세 시위 자체는 그다지 별난 일이 아니다. 그러나 그 시점은 주목할 만하다. 장병준이 고향 장산도에서 만세 시위를 일으킨 것은 비교적 이른 시점인 1919년 3월 18일이었다. 광주에서 최초의 시위가

3월 10일에 일어난 것이나 영암이나 목포 모두 4월에 시위가 일어났던 것과 비교하면 더 그렇다.[8] 장병준은 운동 소식을 듣고 결행했던 것이 아니라, 사전에 운동을 준비하는 그룹에 속해 있다가 고향에 내려와서 시위를 조직했다. 그리고 다시 경성으로 상경, 운동의 확산에 주력했던 것이다. 그렇다면 기존의 일반적인 견해, 즉 3·1운동이 서울과 평양 등 대도시에서 먼저 일어나고 경부선 등 간선 철도를 따라 순차적으로 확산되었다는 견해는 수정되어야 한다. 임시정부의 구성원들에서도 드러나지만, 우리의 주인공 양주흡은 함경도 북청 사람이고, 장병준은 전남의 작은 섬, 장산도가 고향이다. 변화의 움직임이 서울을 축으로 동심원을 그리거나 간선 교통망을 타고 그대로 '확산'된다고 생각하는 것 자체가 선입견은 아닐까? '변방'은 운동의 새로운 동력원일 수도 있다. 그것이 실제 공간이건, 사회적 위상이건, 우리는 역사 속에서 변방의 위상과 역할을 다시 생각해야 할 것이다.

3·1운동의 특성으로 고려해야 할 요소는 3·1운동이 공동체를 단위로 하는 저항이었다는 점이다. 목포경찰서장은 3월 20일 장병준을 주모자로 지목하고 보안법 위반 혐의로 수배했다. 흥미로운 것은 당시의 수배 내용이다. 사진이 흔하지 않던 시절이라 인상착의로만 수배할 수밖에 없었는데, 장병준을 "안색은 희고 비만한 편, 둥근 얼굴, 큰 눈, 머리 모양은 하이카라형으로 가르마를 타고 기타 특징은 없음"이라고 지목하고 있는 것이다.

다음 면의 사진은 해방 이후 장병준의 모습이다. 나이가 들기는 했지만 마르고 강한 인상에 눈도 오히려 작은 편이다. 실제 외모와는 완전히

장병준

"비만한 편, 둥근 얼굴, 큰 눈"
장병준의 인상착의 수배 내용과 얼굴은 전혀 달랐다.
그가 오래도록 잡히지 않을 수 있었던 건
장산도 주민들의 계획된 거짓말 덕분이었다.

반대로 수배 전단이 작성되었던 것이다. 이는 장산도 주민들이 단 한 사람도 예외 없이 일제 경찰에게 똑같은 거짓 정보를 전달했음을 보여준다.

장병준을 비롯한 장산도 만세 시위 주도자들은 거사 이후 바로 배를 타고 목포로 떠났다. 이들은 3월 23일 대전역까지는 함께 움직였다. 장병준은 대전역에서 일행과 헤어져 서울로 올라갔다. 나머지 사람들은 일본으로 도피하려 부산 초량까지 갔으나 뜻을 이루지 못하고 목포로 돌아와야 했다. 이들이 모두 체포되어 옥고를 치른 것은 말할 것도 없다.

1919년 4월 1일, 이덕순과 원곡면 사람들에게는 운명의 날이었다. 이날이 음력으로 3월 1일이라, 작심하고 크게 일을 벌이기로 했던 것이다. 이덕순과 최은식, 이근수는 집집마다 다니며 오늘은 면사무소 앞에 가서 크게 만세를 부를 테니 저녁에 모두 모이라고 했다. 외가천리에는 이덕순이 정오쯤 가서 저녁에 면사무소에서 모이자고 전했고, 월곡리에는 이근수가 갔다. 칠곡리와 죽백리 등 주변 마을에서도 서당 훈장 이유석이나 농민 이양섭 등이 주도하여 사람들을 모았다.

그날 밤 8시 무렵 외가천리 원곡면사무소 앞에는 주민 1000여 명이 등불과 횃불을 들고 모였다. 이덕순은 앞장서서 독립만세를 외쳤다. 주민들은 면장을 끌어내 독립만세를 부르게 했으나 면장이 거부하자 옥신각신 다투고 있었다. 이덕순이 분노에 차 왜 못 부르냐며 면장을 꾸짖고 단을 만들어 그를 올려 세우고 만세를 부르게 했다. 이덕순과 주도자들은 이 정도에서 시위를 끝낼 생각이 없었다. 이유석이 양성면으로 가자고 했고 1000여 명의 군중은 면장을 앞세우고 양성면으로 출발했다. 원곡과 양성의 경계에서 주도자들이 차례로 연설했다. 이덕순은 군중에게 외쳤다. "조선은 곧 독립국이 될 것이오. 이제 왜놈 관청은 더이상 필요 없소. 우리를 못살게 굴던 주재소와 면사무소를 없애버립시다." 사람들은 너도 나도 몽둥이나 돌을 찾아 들고 나섰다.

양성에서 군중은 뜻밖에 원군을 만났다. 양성면 사람들이 이날 저녁 주재소에 몰려가 독립만세를 부르고 해산하려던 참에, 원곡면 사람들이 도착했던 것이다. 삽시간에 2000여 명으로 불어난 군중은 먼저 양성주재소에 들이닥쳤다. 다짜고짜 주재소에 불을 지른 것은 아니었다. 이덕순이 주재소를 지키고 있던 조선인 순사보들에게 만세를 부르라고 시켰으나, 응하지 않자 군중이 돌을 던져 유리창을 깨뜨렸다. 순사와 순사보는 도망가버렸다. 이덕순이 사무실에서 서류를 꺼내 쌓아놓고 불을 질렀는데 마침 램프가 넘어지면서 불이 번졌다. 최은식이 부엌과 식당에 불을 질렀고 이덕순과 다른 사람들은 사무실에 석유를 끼얹었다. 주재소를 불태운 이들은 양성우편국에 몰려갔다. 이덕순이 외쳤다. "여기도 왜놈들이 우리를 감시하고 서로 소식을 전하는 곳이니 부숴버립시다." 모두 돌을 던져 유리창을 깨뜨렸고 서류와 집기를 꺼내 불질렀다. 전신주를 넘어뜨려 전보와 전화를 불통시켰고, 일장기를 불태웠다. 주변 일본인 잡화상과 대금업자의 집도 습격당했다. 양성면사무소의 서류와 집기도 파괴했다.

다음 날인 4월 2일 새벽 4시 이덕순은 군중과 함께 다시 원곡면으로 돌아와 면사무소를 모두 불태웠다. 아침을 먹고 난 다음 다시 모인 사람들은 남쪽으로 내려가 경부선 철도의 침목을 파괴하다 일본 수비대가 온다는 소식을 들었다. 군중은 모두 흩어졌다.

이 소식을 들은 일본군 헌병사령부는 대규모 병력을 보냈다. 원곡과 양성 일대에서 일본군은 민가에 불을 지르고 폭행하며 닥치는 대로 연행했다. 14일 동안 800여 명이 연행되었고, 19명이 죽거나 다쳤으며, 276채의 집이 불탔다. 4월 19일에는 모여서 연설만 들으면 사면해준다고 속여서 수백 명을 체포했는데, 반항하던 세 사람은 그 자리에서 목숨을 잃었다. 이덕순은 몸을 피해 아예 이름을 바꾸고 사라졌다.

원곡면과 양성면의 농민 시위는 농민공동체의 유대관계 위에서 재현된 격렬한 농민 저항의 한 양상을 보여준다. 이 점에서는 농민들의 만세 시위가 민란의 전통 위에서 자발적으로 전개되었고 민중 고유의 자율성이 작동하고 있었으며, 만세 시위가 폭동이자 축제로서의 이중성을 지니고 있다거나,[9] 나아가서는 이 농민들이 민족 주체가 아니라 파편화된 민중 주체이며 지금까지 전민족적 항쟁이라고 보는 것은 과잉 해석이라는 견해도 등장했다.[10]

가까운 안성읍에서는 기생을 선두로 해서 만세 시위가 전개되었으며, 군중은 군수까지 만세를 부르게 했다. 개성의 만세 시위에서는 8세 이하의 소년들이 선두에서 행진했고, 대구에서도 14세 이하의 소녀들 30여 명이 태극기를 흔들며 행진했다. 농촌의 시위에서는 풍물을 치기도 했고, 멍석으로 만든 깃발을 휘날리기도 했다. 이런 축제의 양상이 농촌에서만 나타나는 것도 아니다. 광주의 시위에서 "얼떨결에 됫박을 든 채 행렬에 따라나와 만세를 부르는 쌀장수도 있었고 평소 친일파라고 지목되던 사람들도 참가했으며 걸인들까지도 기뻐 날뛰"었다. 시위가 고양되고 있을 때 헌병 경찰도 말을 타고 총을 맨 채 그냥 따라다닐 뿐

원곡과 양성에서 벌어진 3·1운동에 대한 재판

원곡면과 양성면의 농민 시위는 격렬했다.
농민들에게 만세 시위는
폭동이자 축제였을지 모른다.

이었다.[11] 그야말로 민중 축제의 면모를 보인다. 그러나 앞서 살펴보았 듯이 '민족'이라는 공동체에 대한 의식 또한 점점 확고해졌다. 이덕순과 함께 했던 최은식이나 이근수의 경우, "조선 민족이 독립해야 한다."는 분명한 민족주의적 인식을 가지고 운동에 참가했다. 또 민중들 사이에 서 다른 모든 동네에서 다 만세를 부르는데 우리 동네만 빠져서는 안 된 다거나, 조선의 다른 지역에서 다 만세를 부르고 있는데 우리 지역은 무 엇을 하느냐는 생각이 확산되고 있었던 것은, 이미 '조선 민족'이 민중 들 사이에서 부정할 수 없는 실체가 되어가고 있음을 보여준다.[12]

4월 2일 인천만국공원에서는 비밀리에 13도 대표자대회가 열렸다. 대회가 처음 언급된 것은 1919년 3월 17일이었다. 이날 서울에서 김사 국, 이규갑, 한남수 등이 모여 임시정부를 조직하기로 했다. 이를 위해 4월 2일 일종의 국회와 같은 13도 대표자회의를 열기로 했다. 각 지방과 종교단체 대표들이 모여 대한국민대회 소집과 정부 수립을 진행한다는 것이었다.[13] 경성부인성서학교 교사 이동욱李東旭이 국민대회 취지서와 정부 수립 선포문 작성을 맡았고, 장병준은 경성으로 올라가자마자 바 로 이 일에 뛰어들었다. 이동욱은 1년 뒤인 1920년 장병준과 함께 3·1운 동 1주년 기념투쟁을 함께 주도했는데, "1919년 4월 23일 대한국민대회 라는 것이 조직되었을 때에 자신은 대표의 일원이었고, 장병준은 대표 는 아니었지만 간부 중의 한 사람"이었다.[14] 4월 23일의 국민대회 자체 는 그렇게 성공적이지 못했지만, 여기에서 선포된 '한성정부'는 이후 상 하이의 임시정부와 러시아의 대한국민의회가 통합하여 명실상부한 대 한민국 임시정부를 조직할 때 그 기반이 된, 중대한 역사적 의의를 가진다.[15] 그런데 엄중한 주의 속에서 열린 이 4월 2일의 대표자대회에서 중요한 문제가 제기되었다. 러시아나 상하이에서도 정부가 만들어지고 있으니 이들과 연결해야 한다는 것이었다.

체포와 탈출,
이후의 이야기

1919년 4월 14일, 경성. 양주흡이 하숙집에서 체포되었다. 혁명의 이상은 높았지만, 실제 운동을 하는 사람들과 접하지 못했던 그는 자신의 일기조차 제대로 숨기지 못했다. 사실 혁명을 꿈꾸는 자가 스스로의 생각과 활동을 모두 기록한 일기를 남긴다는 것이 미숙한 일이었다. 양주흡은 옥고를 치르고 난 후 메이지대학교에 복학했다. 1921년 북청군 유학생 지원단체인 청우장학회 순회강연단에 참가했고 1922년 졸업했다. 1924년에는 조선노농총동맹 발기회에 함경남도 이원군 창흥노농친목회 대표로 참가하기도 했다. 이 무렵 향리에 영신서당이라는 강습소를 설립하기도 했다.

4월 2일 이후 아예 이름을 바꾸고 사라진 이덕순은 운동이 일어난 지 10년도 더 지난 1931년에 체포되었다. 이웃의 밀고였는데, 밀고자는 경기도 용인군 모현의 이병직이 원곡 사건의 주동자 이덕순이라고 했다. 이덕순(체포 당시 이름은 이병직)은 1년 만에 특사로 풀려나왔는데, 본인은 계속 다른 사람이라고 주장했다.

장병준은 가장 극적인 행적을 남겼다. 국민대회 준비에 참여하고 있던 장병준은 보성전문학교 선배인 이춘숙과 함께 대한민국 임시정부 수립에 참여했다. 러시아 지역의 한인 민족운동 세력과 연계하고 있던 이춘숙은 4월 중순 상하이로 떠났고, 여기에 장병준도 합류했다. 4월 23일 국민대회가 소집될 무렵 그는 상하이에 있었던 것 같다. 1919년 4월 30일부터 5월 13일까지 상하이에서 열린 대한민국 임시정부 임시의정원 제4회 회의에서 한남수韓南洙, 김철金澈과 함께 전라도 대표 의원으로 선출되었기 때문이다. 그런데 4회 회기에 처음으로 임명된 장병준의 이름은, 곧 회기 중 해임된 의원 명단에도 나타난다.[16] 그가 전직 의정원 의원 자격으로 독립운동 단체와 임시정부의 비밀 연락 임무를 수행하기 위해 출발했기 때문이다. 장병준은 국내에 잠입하여 독립운동의 기반을 넓히면서 3·1운동 1주년을 기념하고 다시 전국적 봉기를 촉구하는 투쟁을 전개하다 1920년 체포되어 옥고를 겪었다. 해방 이후 1959년 민주당 전남도당 위원장으로 이승만 정권에 맞선 그는, 1960년 3·15부정선거 규탄에 앞장섰으며, 1972년 세상을 떠났다.

세 주인공 중 교과서에서 다루는 3·1운동의 주체는 장병준 정도일 것이다. 그조차도 초기의 행적은 정확하게 파악할 수 없다. 아무것도 하지 않아서가 아니라, 체포된 이후 경찰의 고문에도 입을 열지 않아서이다. 장병준만이 아니라 권력이 알아내지 못한 많은 투쟁의 기록들이 있을 것이다. 게다가 대한민국 임시정부의 요직이 아니라 국내와 해외를 떠도는 험한 일을 하다보니 남은 기록들도 많지 않다.

지식인으로서의 책임감과 사명감에 넘쳤으나, 어떻게 운동에 참여할지 방법을 찾지 못했던 양주흡이 얼마나 큰 좌절을 겪었을지 생각해

보면, 안타까운 마음이 든다. 4월이 되도록 다시 고향에 내려갈 생각조차 하지 않고 '혁명'을 꿈꾸다 체포되었지만, 3·1운동의 경험은 헛된 꿈이 아니었다. 그가 대학을 졸업하고 고향에 돌아간 후 노동운동이나 사회운동에 참여했던 것은, 여전히 '민족'과 '혁명'에 대한 희망이 남아 있기 때문은 아니었을까?

이덕순의 행적은 더이상 찾을 수 없지만, 그와 원곡면 농민들의 시위는 3·1운동과 '평화'의 문제를 다시 생각하게 한다. 3·1운동이 평화적으로 전개되었다고 하지만, 모든 지역에서 반드시 그랬던 것도 아니다. 제국주의 지배를 거부하는 데 비폭력만을 주장하는 것 자체가 모순일 수도 있는 것이다. 평화를 어떻게 정의하느냐에 따라 달라지겠지만, 평화를 위해 투쟁한다고 해서 반드시 비폭력이어야 한다는 것은 선입견이다. 비폭력 저항은 투쟁의 한 형태일 뿐이다. 가능하다면 선택할 수 있는 대안 중의 하나이며, 평화란 그 결과로 도달하는 폭력이 소멸된 사회적 상태다. 비폭력 시위를 벌인 많은 지역의 다수의 사람들은 3·1운동을 독립 축하의 축제로 여겼다. 상황이 변하면 투쟁의 양상도 바뀌게 마련이다.

우리는 오늘날의 저항이 다양한 주체들의 저마다 다른 목소리와 희망을 담고 있다는 것을 알고 있다. 그렇지만 그 다양성이 또한 한곳으로 수렴하는 것도 알고 있다. 3·1운동도 마찬가지가 아닐까? 아직 우리는 그 깊이와 넓이를 다 이해하지 못했다. 역사는 더 공부할 가치가 있다.

4

대한민국
임시정부를
어떻게 볼 것인가

박찬승

한양대학교 사학과 교수. 서울대학교 국사학과에서 박사학위를 받았다. 주요 저서로 『한국독립운동사』, 『근대 이행기 민중운동의 사회사』, 『민족주의의 시대』, 『민족, 민족주의』, 『마을로 간 한국전쟁』, 『대한민국은 민주공화국이다』 등이 있고, 주요 논문으로 「20세기 한국 국가주의의 기원」, 「한국학 연구 패러다임을 둘러싼 논의」, 「한말·일제시기 사회진화론의 성격과 영향」 등이 있다.

대한민국 임시정부라고 하면 독립운동가들이 상하이에서 만든 정부, 3·1운동 이후 민족적 역량을 총결집해 세운 정부라고 모두들 알고 있을 것이다. 그런데 놀랍게도 대한민국 임시정부가 어떤 과정을 거쳐서 어떻게 세워졌는지에 대해 제대로 밝혀진 사실은 별로 없다. 예를 들어 임시정부를 기획한 핵심인물이 누구인지, 임시정부를 만들겠다는 생각을 언제부터 했으며, 서울에서 한성정부의 안은 어떻게 만들어졌는지 등도 제대로 밝혀지지 않았다. 오늘날 대한민국 정부가 임시정부의 법통을 계승했다고 하는데, 정작 이러한 기본적인 사실도 모르고 있다. 또 초창기 임시정부가 왜 상당한 시련을 겪었는지에 대해서도 잘 알려지지 않았다. 그리고 임시정부의 수립과 활동의 역사적 의의는 무엇인지에 대해서도 잘 정리된 바가 없다. 이런 이유로 임시정부에 대한 평가 또한 엇갈리고 있는 것이 현실이다. 이 글에서는 이 같은 점들에 대해 차례대로 정리해보기로 하자.

상하이와 한성,
두 곳의 정부

당시에는 임시정부를 '가(假)정부'라고 불렀다. 여기서 '가(假)'는 가짜라는 뜻이 아니고 '임시'라는 뜻을 지닌 한자이다. '가짜 정부'는 '위(僞)정부'라고 부른다. 중일전쟁 당시에 왕징웨이(汪精衛)가 친일정부를 세웠는데, 그 경우를 '위정부'라고 한다. 어떻든 1919년 3월 3일, 5일자 『조선독립신문』에서는 곧 가정부 수립이 발표될 것이라고 했는데, 이는 적어도 2월에 이미 임시정부 수립을 논의했다는 것을 의미한다. 이 신문이 천도교의 중요한 인물이었던 보성사의 사장 이종일이 만든 것이니, 적어도 천도교 내에서는 2월에 이미 임시정부 수립에 대한 논의가 있었던 것으로 추측할 수 있다.

그렇다면 대체 언제 논의를 했을까? 언제인지는 정확하게 알 수 없다. 다만 실제로 다 모이지는 않았지만 33인이 모인 시점은 2월 28일이었고, 그전에 천도교와 기독교 쪽이 몇 차례 회합을 가졌는데 거기에서 논의되었을 가능성이 있다. 시점은 이렇게 추측할 수 있지만, 정확히 언제, 누가, 이것을 논의했는지는 알 수 없다.

신문을 좀더 읽어보면 조만간 국민대회를 열어 가정부를 조직하고 대통령 선거를 한다는 기사가 눈에 띈다. 당시 임시정부 수립을 논의한 사람들은 대표자들이 모여 정부를 조직하고 이를 국민들에게 발표한다

朝鮮獨立新聞　新聞社長 尹益善

朝鮮民族代表 孫秉熙、金秉祚氏外三十一人이

朝鮮建國四千二百五十二年三月一日下午二時에 朝鮮獨立宣言書背를京城太華館內에서 發表하얏는되 同代表諸氏는 鍾路警察署에 拘引되얏다더라

朝鮮民族代表諸氏는 最後의 一言으로 同志에게 告하야

代表諸氏의 信託

日吾儕と朝鮮을爲하야 生命을犧牲으로써貢하노니吾神聖兄弟と吾儕의素志를貫徹하야 何年何日까지던지 我二千萬民族이 最後의 一人이 殘餘하더리도決斷코亂暴的行動이라던지破壞的의行動을勿爲하지어다 一人이라도亂暴的破壞的의行動이有하면是と永千古不可救의 朝鮮을作할지니 千萬注意하고 千萬保重하지어다

全國民響應。 同日代表諸氏拘引되と同時에全國民이諸氏의素志를貫徹코자하야 一齊響應하더라

朝鮮建國四千二百五十二年三月一日

3월 1일자로 뿌려진 첫 『조선독립신문』

대한민국 임시정부 설립 구상은 언제부터 했을까?
민족대표 33인은 언제부터 모였을까?
모든 사실을 알고 있는 것 같지만,
3·1운동에는 여전히 풀어야 할 것들이 많다.

는 생각을 했던 게 아니었다. 국민대회를 개최한다는 것을 통해 대중들이 모이는 자리에서 가정부 수립을 논의하고 발표하려는 계획이었음을 알 수 있다. 또 "13도 대표자를 선정해서 3월 6일 오전 11시 경성 종로에서 조선독립대회를 가질 것이다."라고도 했다. 아마도 13도 대표자를 선정하고 3월 6일 종로에서 조선독립대회를 열어 가정부를 발표하자는 구상을 했던 것으로 보인다.

그런데 3월 6일에 그런 일은 일어나지 않았다. 그렇다고 해서 그전에 아무런 움직임이 없었던 것도 아니다. 당시 천도교와 기독교가 논의를 하는 가운데, 독립선언을 하게 되면 그 사실을 세계 만방에 널리 알려야 하니 영어를 잘하는 사람을 상하이에 파견하기로 의견을 모았다. 상하이에 파견될 인물로 기독교계의 현순이 선택되었다. 그는 구한말 관리였는데, 미국에 건너가 활동하다 돌아온 목사이다. 당시 기독교 쪽에서는 돈이 부족해 천도교 쪽에 운동자금을 요청했다. 최종적으로 5000원을 받았는데, 먼저 2000원을 받아 그중 1000원을 현순에게 주었다.

현순은 운동자금 1000원을 들고 2월 24일 서울을 떠나 3월 1일에 상하이에 도착했으며, 가지고 간 돈으로 독립사무소를 개설했다. 그러던 중 3월 4일에 국내에서 있었던 만세 소식을 듣게 된다. 당시 최창식도 현순을 따라 상하이로 갔다. 평안도에서 현순과 합류한 그는 독립선언문을 노끈처럼 종이에 말아 몰래 숨겨서 상하이까지 가지고 왔다. 현순은 이렇게 가져온 독립선언문을 한문과 영어로 번역해 기자들에게 배포하며 널리 알려 달라고 부탁했다. 이렇게 보면 상하이 임시정부 수립에 현순은 대단히 중요한 역할을 했다고 볼 수 있다. 그렇지만 현순이 쓴 글

어디에도 상하이 임시정부 수립과 관련한 내용은 찾을 수 없다. 단순히 홍보활동을 위해 갔을 수도 있고, 혹은 비밀리에 임시정부를 수립하라는 지령을 받았을 수도 있지만 확인하기 어렵다.

당시 국내에서는 훗날 '한성정부'라고 불리는 또 다른 임시정부를 준비하고 있었다. 이를 준비한 사람은 기독교계의 이규갑이다. 한성정부 수립 준비에 한남수도 함께했다. 훗날 이규갑이 상하이로 피신한 반면, 한남수는 체포되어 재판을 받았다. 재판에서 한남수는 "내가 3월 중순경에 이규갑을 만났더니 현순한테서 국내에서 임시정부를 조직해 그것을 상하이에 알려달라는 편지가 왔다."라고 증언했다. 3월 중순이라고 하면 10일에서 20일 사이인데, 당시 현순은 베이징에서 기자들에게 홍보활동을 하고 있었다. 현순은 24일경 베이징을 출발해 25일쯤 상하이에 돌아왔다. 한남수의 증언이 맞다면 현순은 이 편지를 언제, 어디서 부쳤을까? 그것은 확인하기 어렵다. 그런 중요한 편지를 우편으로 부쳤을 리는 없을 것 같고, 만약에 상하이에서 인편으로 보냈다면 3~4일이 걸렸을 것이다.

그 편지를 들고 간 사람은 누구일까? 확실하지는 않지만 24일경 베이징에서 현순이 최창식에게 국내에 들어가서 독립운동을 지도하고 자금도 모아오라는 숙제를 줬다는 증언이 있다. 그때 최창식이 현순의 편지를 들고 국내로 들어왔을 가능성이 있다. 하지만 증언대로라면 최창식은 아니다. 만약 최창식이 24일에 출발했다면 28일쯤 국내에 들어왔을 텐데, 한남수는 3월 중순경에 이규갑을 만났다고 증언했기 때문이다.

편지를 들고 간 사람이 다른 사람일 가능성도 있다. 3월 말 상하이에 있는 독립운동가들은 임시정부에 대한 논의를 시작했다. 특히 기호파인 이동녕, 이시영, 조완구, 조소앙, 신익희 등이 임시정부 구성을 서둘러야 한다고 주장했다. 그때 현순은 '국내에서 곧 소식이 올 테니, 기다리라.'는 이야기를 했다고 한다. 현순은 당시 상하이에 와 있던 천도교계 사람인 이봉수를 국내로 파견해 임시정부의 명단을 가지고 오라고 요구한 상태였다. 조소앙, 신익희 등 상하이의 독립운동가들 중에는 왜 국내에서 명단을 받아와야 하느냐며 반발하기도 했다. 그러나 현순은 정부의 정통성을 위해서는 국내에 있는 사람들이 만들어야 한다, 그러지 않고 전세계 각지에서 정부를 만들면 곤란하게 된다는 생각을 했다고 한다.

상하이에서 의견이 갈리던 때, 서울에서는 어떤 일이 있었을까? 앞서 언급한 것처럼 서울에서는 이규갑과 홍면희를 중심으로 한남수, 김사국 등이 임시정부 수립 계획을 세웠다. 홍면희는 법관 출신으로 변호사 활동을 하다 훗날 개명을 해서 홍진이라는 이름으로 임시정부에서 국무령을 지낸 인물이다. 김사국은 훗날 사회주의자로 서울청년회에서 활동한 아주 중요한 인물이다. 이규갑의 회고록을 보면 3월 17일에 홍면희와 이규갑 등이 임시정부의 각원과 국민대표 등을 선정했으며, 파리강화회의 출석을 결정했다고 씌어 있다. 3월 17일이면 중순이고, 한남수가 이규갑을 만나 현순의 요청을 들은 때이다. 만약 이것이 사실이고 현순이 편지를 보냈다고 하면, 편지를 보낸 시점은 현순이 상하이에 도착하자마자 혹은 상하이로 떠나기 전일 가능성이 있다. 하지만 모든 것이 조금씩 날짜의 오류가 있어, 사실이라고 단정하기 어렵다. 만약 3월 17일이 아니라 3월 27일이라면 앞뒤 이야기가 잘 맞는데, 어떻든 기록은

17일이라고 되어 있다. 확실한 것은 이때 한성정부의 명단이 작성되었다는 것이다. 이승만이 집정관 총재, 이동휘가 국무총리로 선정되었다. 집정관 총재로 이승만이 올라간 것은 기독교 쪽 입장이 반영된 결과로 보인다.

4월 2일 인천만국공원에서 20여 명이 모여서 회의를 가졌는데 기독교계, 유교계, 불교계 사람들이 참석했고, 천도교계 쪽에도 연락을 했지만 아무도 참석하지 않았다. 그날 회의에서 서울에서 국민대회를 갖고 임시정부 조직을 선포하자는 결론을 내린다. 『조선독립신문』에 "일간 국민대회를 열고 가정부를 조직해서"라는 기사가 있었는데, 만국공원에 모인 사람들은 『조선독립신문』에 나왔던 스케줄대로 하는 것이 옳다고 생각했던 듯하다. 즉 13도 대표를 모아서 국민대회를 열고 정부 조직을 발표해야 한다고 여겼다. 이때 한남수는 상하이의 사정을 알아본 뒤에 국민대회 개회 여부를 결정하자고 주장했다. 상하이에서 임시정부를 만든다고 하고, 이미 만들었다는 소문도 국내에 전해지고 있던 터여서, 한남수는 상하이에서 이미 만들었다면 국내에서 또 만들 필요가 없다고 생각했기 때문이다. 한남수는 누군가 상하이로 가서 사실을 확인할 필요가 있다고 주장했고, 결국 그 스스로 이 역할을 맡아 4월 8일에 상하이로 떠났다.

한편 다른 쪽에서는 4월 3일 상하이에서 온 이봉수, 즉 현순이 보낸 이봉수가 홍진의라는 대리인을 앞세워 홍면희와 접촉했다. 이때 어떤 이야기가 오고갔는지는 전해지지 않지만 아마 여기서 홍면희가 만든 '한성정부 가안'이 전해진 듯하다. 그런데 홍면희와 홍진의 사이에서는 명단에 천도교계가 거의 안 들어가 있다는 점, 정부 수반에 누구를 올려놓을 것인가 하는 문제, 또 발표 시기를 언제로 할지에 대해서도 의견 차이가 있었다. 당시 홍면희는 4월 23일로 날짜를 잡고 있었다. 상하이로 떠난 한남수가 상하이 임시정부 수립 여부를 전보로 보내오면 그 결과에 따라 발표를 할 계획이었다. 만약 상하이에서 아직 만들지 않았다면 4월 23일에 발표하겠다는 생각이었던 것이다. 그러나 홍진의의 생각은 달랐다. 4월 23일보다 빨리 발표를 해줘야 상하이에서 그것을 가지고 정부를 만들 수 있다는 생각이었다.

두 사람 사이에 갈등이 있었지만, 홍진의는 홍면희가 건네준 명단을 받아 이봉수에게 전달한 것으로 보인다. 그리고 이봉수는 이 명단을 약간 수정한 후 강대현이라는 사람을 통해 상하이에 전달하도록 했다. 이때 이봉수와 홍진의 등이 만든 명단을 흔히 '신한민국정부안'이라고 한다. 4월 8일, 상하이에 도착한 강대현은 상하이의 상황을 감안하여 명단을 약간 수정한 뒤 현순에게 전달했다. 애초의 신한민국정부안에는 내무총장이 이동녕으로 되어 있었는데, 강대현이 전달한 명단에서는 내무총장에 안창호가 들어갔고 군무총장 자리는 아예 빠졌다. 당시 강대현은 안창호가 중요한 역할을 해야 한다는 상하이의 여론을 고려한 것으로 보인다. 안창호는 1907년에 국내에 들어와 신민회를 조직한 인물이다. 이동휘를 비롯해 임시정부에 나오는 중요한 인물들이 모두 신민회 출신이다. 그래서 상하이에서는 사람들을 폭넓게 포섭하고 결속시킬 수 있는 인물로서 안창호를 내무총장에 넣어 전달한 것으로 보인다. 신한민국정부안을 받아든 상하이에서는 4월 10일 임시의정원을 구성하고 임시정부 구성에 대해 구체적으로 논의하기 시작했다.

서울에서의 국민대회는 4월 23일에 열기로 예정되어 있었는데, 한남수가 상하이에 도착한 때는 4월 16일이었다. 한남수가 와서 보니 상하이에서는 이미 임시의정원 구성을 마친 뒤였다. 그래서 4월 21일에 서울로 전보를 쳤다. 상하이의 상황이 좋지 않으니, 국내에서는 하지 말라는 내용이었다. 그런데 한남수의 전보를 기다리지 못한 이규갑과 홍면희는 국민대회를 학생들에게 맡기고 4월 20일경 상하이로 떠나버렸다. 서울에서 예정된 국민대회는 사실상 무산될 수밖에 없었다. 결국 4월 23일에는 학생들만 서린동 부근에서 '국민대회, 공화만세' 깃발을 달고 임시정부 수립을 알리는 전단을 뿌렸다. 국민대회는 열리지 못했지만, 학생들의 전단지를 통해 이른바 '한성정부'가 세상에 알려지게 되었다. 그런데 상하이에서는 한성정부안과 비슷하긴 하지만 강대현이 수정하여 전달한 정부안을 토대로 임시정부 구성이 완료된 상태였기에, 한성정부안은 묻힐 수밖에 없었다. 그리고 한성정부안을 가지고 간 한남수나 홍면희, 이규갑 등은 상하이에서 찬밥 신세가 되었다.

그보다 앞서 국내에서는 4월 9일 천도교의 최고 책임자인 손병희를 정도령으로 하고 이승만을 부도령으로 하는 '조선민국 임시정부안'이라는 전단이 뿌려지기도 했다. 누가 만들었는지는 알 수 없지만, 명단에 천도교계 사람들이 많이 포함된 것으로 보아 천도교 측에서 만든 것으로 추측된다. 하지만 천도교 측도 안상덕을 통해 한성정부안을 만드는 데 발을 걸쳐놓고 있었고, 4월 5일 모임에도 안상덕이 참여했는데, 왜 4월 9일에 다른 정부안을 만들어 뿌렸는지는 알 수 없다.

러시아에서는 임시정부 성격의 '대한국민의회'가 좀더 일찍 만들어졌다. 당시 러시아에 있던 동포들이 1918년 초에 이미 '전로한족회 중앙총회'를 만들었고, 그해 말부터 1919년 초까지 관련된 회의를 이어가고 있었다. 니콜리스크(현 우스리스크)라는 곳에서는 1월에 파리강화회의에 대표를 파견하자고 결의하고, 윤해와 고창일을 대표로 뽑기도 했다. 2월 들어서 2·8독립선언 소식이 전해졌고, 또 상하이에서 신한청년당의 여운형이 니콜리스크에 와서 상하이와 도쿄의 독립운동 소식을 전해주기도 했다.

여운형이 니콜리스크를 찾은 데에는 이유가 있었다. 상하이에 있던 여운형은 당시 상하이에 온 미국 윌슨 대통령의 특사인 크레인을 만나 한국의 독립을 지원해달라고 요청했다. 이에 대해 크레인은 한국인들이 독립을 원한다는 의사를 표시하고 직접 행동을 취한다면 고려해보겠다는 답을 했다. 그 대답을 들은 여운형 등은 신한청년당을 조직하고, 도쿄로 사람을 보내 학생들에게 봉기를 요청해서 2·8독립선언이 나온 것이다. 또 국내로는 선우혁을 보내 평양에 가서 이승훈을 만나 평양 중심으로 시위를 준비하게 했다. 그리고 여운형을 니콜리스크로 보내, 그곳에서도 호응을 하도록 했던 것이다. 이렇게 보자면 3·1운동의 진앙지는 상하이인 셈이다. 전로한족회 중앙총회에서는 2월 25일 니콜리스크에서 독립운동단체 대표회의를 열고 대한국민의회라는 임시정부 성격을 가진 중앙기구를 조직하기로 결정했다. 그후 3월 17일 대한국민의회 의장 문창범 등의 명의로 독립선언서를 발표함으로써 그 성립을 대외적으로 알렸다.

임시정부 수립일은
언제인가

상하이의 움직임을 다시 정리해보자. 3월 1일, 상하이에 도착한 현순은 독립사무소를 개설한다. 그리고 4일에 국내의 만세운동 소식을 접했다. 이후 상하이에서는 독립운동을 전개할 최고기구를 만들어야 한다는 의견이 광범위하게 퍼졌다. 다수 의견은 임시정부를 만들자는 것이었고, 여운형 등 소수파는 정당을 만들자고 주장했다. 다수파의 의견에 따라 3월 말에 임시정부를 만드는 일이 급물살을 탔는데, 현순이 국내 소식에 따라 대응하자고 주장하여 진행을 멈춘다.

4월 8일, 강대현이 수정된 신한민국정부안을 가지고 상하이에 왔고, 그 결과 4월 10일 각 지방의 대표들로 구성된 임시의정원을 열었다. 초대 의장에는 이동녕이 선출되었다. 회의는 그날 저녁에 시작해서 4월 11일 새벽에 끝났다. 즉 4월 11일 새벽, 임시의정원은 대한민국이라는 국호와 민국이라는 연호를 제정했다. 이때 신한민국정부안을 참고했지만 집정관제는 없애버리고, 국무총리제만 두는 새로운 안을 만들었다. 왜냐하면 이봉수와 홍진의가 약간 변조하고, 강대현이 전달한 안을 보면 집정관 총재가 이동휘였고, 국무총리는 이승만이었다. 강대현이 전달받은 기존의 한성정부안에서 제일 중요한 부분이 집정관 총재와 국무총리인데 둘을 서로 맞바꿔놓은 것이다. 이봉수, 홍진의 등은 함경도 사람들이라 기왕이면 함경도 사람인 이동휘를 집정관 총재로 밀려고 했던 듯하다. 그러나 상하이의 인사들이 보기에 이동휘가 집정관 총재가 되는 건 있을 수 없는 일이었다. 그래서 아예 자리를 없애버린 것이다.

그 결과 당시 국무총리를 수반으로 하는 국무원을 만들고, 그 아래를 6부로 나누어 각 부에는 총장과 차장을 두기로 했다. 임시의정원은 국무총리에 이승만, 각부 총장에는 강대현이 가지고 온 신한민국정부안을 거의 그대로 따라서 내무총장에 안창호, 외무총장에 김규식 이런 식으로 정하고 차장급은 젊은 층에서 뽑았다.

그러면 정부 구성을 마치고 그 성립을 발표한 시점은 언제일까? 1989년 12월 30일, 대한민국 정부는 당시 학계의 의견을 받아들여 4월 13일을 대한민국 임시정부 수립일로 보고 이를 국가기념일로 지정했다. 그런데 학계 일각에서는 이 날짜가 잘못된 것이라는 견해가 제기되어왔다. 단국대 한시준 교수가 그 대표적인 논자이다. 한시준에 따르면 임시정부 수립일을 4월 13일로 보는 것은 『조선민족운동연감』에 따른 것이라고 한다. 이 책은 1932년에 상하이의 일본총영사관 경찰부가 상하이 임시정부의 문건을 입수해 만든 책이다. 1932년은 윤봉길 의거가 있었던 해이다. 이때 임시정부 사람들이 모두 피신을 한 가운데 일본 경찰들이 상하이 대한교민단 사무소를 습격해 여러 자료를 압수했는데, 그 안에 임시정부 문건들이 있었다는 것이다. 한시준은 여기까지 설명을 하고 있는데, 그렇다면 일본총영사관 경찰이 '13일설'을 어디서 따왔을까 하는 것은 여전히 의문으로 남아 있었다.

그런데 임시정부에서 만든 『한일관계사료집』이라는 자료를 보면, 임시정부를 구성할 당시의 상황이 자세하게 기록되어 있다. 그 내용을 보면 4월 11일에 임시정부를 구성했으며, 4월 13일에 안승환·김병조·

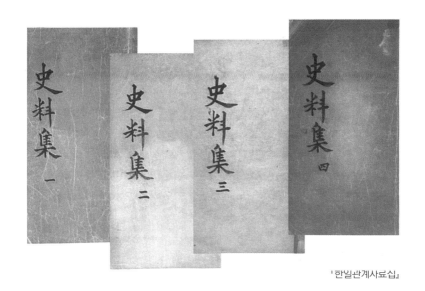

『한일관계사료집』

임시정부가 국제 연맹에 제출할 목적으로 편찬한
역사서이자 자료집인 『한일관계사료집』을 보면
대한민국 임시정부 수립은 4월 11일로 봐야 타당하다.

김구 등이 내지로부터 잇따라 와서 한인들이 1000여 명이 됐고, 그 결과 도 대표들을 의원으로 선정했고, 각 부 위원들을 선임할 수 있었다고 씌어 있다. 그런데 다른 기록에 보면 각 부 위원들을 선임한 것은 4월 22~23일 임시의정원 회의에서였다. 즉 '4월 13일'이라고 앞에 쓴 문단에는 22~23일 임시의정원 회의의 내용도 들어 있는 것이다. 각 부 위원 선임에 대한 설명 뒤에는 "평화회 열방대표와 내외인민에게 정부 수립을 공포하고, 김규식은 외무총장 겸 전권대사의 신임장을 발송하다."라고 씌어 있다.

한편 현재 남아 있는 또 다른 기록인 4월 22~23일 임시의정원의 회의록 말미에는 "내지에 있는 국민대회에 대하여 임시의정원이 성립된 것을 발포하자는 이춘숙의 동의와 조완구의 재청이 가결되니라."라는 내용이 있다. 이는 이날 회의를 마칠 때 이춘숙이 서울에서 국민대회를 한다고 하니까 '우리도 상하이에 이미 임시의정원이라는 국민대표 기구가 만들어졌고, 임시정부도 만들어졌다는 것을 선언합시다.'라고 제안을 한 것으로 보인다. 그래서 임시의정원은 임시의정원이 성립됐다는 것을 4월 23일에 선포하기로 의결을 했던 것으로 보인다. 이 회의록에 기초하여 『한일관계사료집』은 이를 요약해서 "평화회 열방대표와 내외 인민에게 정부 성립을 공포"했다고 쓴 것으로 보인다.

그렇다면 앞에 나오는 4월 13일이라는 날짜는 단순히 김구 등 몇 명이 국내에서 왔다는 기록에 불과하다. 김구는 실제로 13일경에 배를 타고 상하이에 도착했다. 그러나 그뒤에 나오는 내용은 4월 13일의 상황이 아니었던 것이다. 그런데 일본 경찰이 『조선민족운동연감』을 만들 때,

『한일관계사료집』에 4월 13일이 나오고, 이어서 명단이 쭉 나오고, 뒤에 정부 성립을 공포했다는 내용이 나오니까, 이를 오해하여 '4월 13일에 정부 수립을 공포했다.'라고 써버린 것이다. 그리고 후대의 사람들은 『조선민족운동연감』에 4월 13일에 임시정부 수립을 선포했다고 씌어 있으니, 아무런 의심 없이 이 내용을 받아들였다. 과거의 임시정부 연구자들도 그렇게 받아들였고, 그 결과 정부에서도 4월 13일을 임시정부 수립 기념일로 삼은 것이다. 그러나 『조선민족운동연감』의 기록은 잘못되었다.

임시정부 수립일이 11일이라는 증거는 또 있다. 1919년 이후 임시정부는 임시정부 수립 기념행사를 여러 차례 가졌는데, 그 날짜는 항상 4월 11일이었다. 4월 13일에 기념식을 한 적은 한 번도 없었다. 1945년 4월 11일 충칭에 있던 임시정부는 정부 요인과 직원, 의원들이 참석한 가운데 정부대례당에서 임시정부 수립 26주년 기념식을 가졌다. 이날에 대한 기록인 임시의정원회의 제38회 속기록을 보면 임시의정원 의장 홍진은 "오늘이 본 의정원과 임시정부 성립하던 제26주 기념일"이라고 말했다.

우여곡절 끝에 만들어진 임시정부

해외에 만들어진 여러 임시정부 성격의 단체들은 초기부터 통합운동을 벌였다. 러시아의 대한국민의

회와 상하이 임시정부의 통합운동이 대표적이다. 1919년 5월에 상하이에 들어온 안창호가 양자 통합의 역할을 맡았다. 안창호는 양자의 이해관계를 조정하기 위해 상하이에서 만들어진 임시정부의 내각 구성을 접어놓고 그동안 묵혀두었던 한성정부안을 가지고 새로운 정부를 만들자는 안을 냈다. 당시의 임시정부 구성을 약간만 바꾸면 되니 큰 무리가 없으리라고 생각한 것이다. 그는 한성정부안대로 이승만을 국무총리에서 집정관 총재로 올리고, 대한국민의회 쪽 사람인 이동휘를 국무총리로, 문창범을 교통총장으로 하면 대한국민의회가 자연스럽게 들어올 수 있다고 생각했다. 안창호는 상하이 임시정부 인사들로부터 동의를 얻은 후 러시아의 대한국민의회에 이 안을 제안했다. 대한국민의회는 큰 이의없이 이를 받아들여 이동휘와 문창범이 상하이로 왔다.

그런데 상하이에 도착한 이들은 자신들이 전해들은 것과 다른 상하이의 상황에 놀랐다. 통합정부의 구성은 기존의 상하이 임시정부를 없애고 새 정부를 세우는 것이 아니라, 기존의 상하이 임시정부를 개편하는 것이었기 때문이다. 그리고 몇몇 인사만 명단에 있고, 조직을 완전 통합하는 안도 아니어서 이들은 당황했다. 결국 이에 반발한 문창범은 러시아로 돌아가버리고 국무총리로 지명된 이동휘는 상하이에 남았다.

한편 이승만은 이 통합정부안을 일찌감치 받아들였다. 그는 미국에서 한성정부의 집정관 총재로 지명됐다는 소식을 듣자마자 President라고 쓴 명함을 만들어 사용했다. 그런데 상하이 임시정부에서 이승만은 국무총리, 즉 Prime Minister로 지명되었다. 안창호는 이승만에게 Prime Minister 직명을 사용할 것을 부탁했지만, 이승만은 이를 거부했다. 이후에 상하이 임시정부가 결국은 한성정부안으로 개편하게 되면서 이승만은 자신이 집정관 총재가 됐으니 집정관 총재 직함을 대통령으로 바꾸고 영문으로는 President로 하자고 제안했고, 안창호는 이를 받아들일 수밖에 없었다.

그런데 여기에서 한 가지 의문을 제기할 수 있다. 3·1운동 이후 여러 정부안이 나왔는데, 대부분의 안에서 이승만이 집정관 총재나 국무총리 등으로 자주 거론된 이유는 무엇이었을까? 이승만은 독립협회 사건으로 투옥되어 6년 동안 복역했고, 그때부터 『황성신문』 등을 통해 이름이 알려지기 시작했다. 그뒤 미국에 가서 5~6년 만에 학사, 석사, 박사를 마치고 왔는데, 이는 그의 인지도를 높이는 데 큰 기여를 했다. 한국인 최초의 미국 박사였으니, 신문에 대서특필된 것은 당연했다. 1910년대의 유일한 신문인 『매일신문』은 이승만의 이러한 행적을 계속 소개했다. 이승만은 1910년대에 한국인으로서 가장 지적 수준이 높고 성공한 사람, 거기다 독립협회 운동을 한 독립운동가, 문명개화에 매진하는 인물 등으로 소개되었고, 이는 그가 많은 사람의 신뢰를 사는 데 큰 자산이 되었다. 그러나 신문에 소개되지 않은 것이 있었으니, 그것은 이승만의 개인 성품이었다. 당대 사람들은 그것까지는 알 수 없었다.

대한민국 임시정부의 성립 과정에서 또 하나 눈여겨볼 것은 임시헌장이다. 임시헌장은 4월 10일에 임시의정원에서 통과가 되었고, 모두 10조로 되어 있다. 이는 신익희, 조소앙, 이광수 등에 의해 만들어졌는데, 제1조는 "대한민국은 민주공화제로 함"이라고 되어 있다. 대한민국 현행 헌법의 1조 1항도 "대한민국은 민주공화국이다."라는 문장으로 되어 있다. 한국인들에게는 익숙한 내용이지만 대한민국 외에 전세계 어떤 나라의 헌법에도 이렇게 씌어 있는 나라는 없다. 그러면 임시정부의 임시헌장에는 어떻게 '민주공화제'라는 단어가 들어가게 되었을까? 여러 정황 증거로 보았을 때 이 조항을 넣은 사람은 조소앙인 것으로 보인다. 1919년 9월 1차 개헌에는 이 조항이 빠져 있는데, 그때는 조소앙이 만국사회당대회에 참석하기 위해 파리에 가 있었다. 그런데 이때만이 아니라, 임시정부 역사를 보면 이후의 헌법 개정 과정에서 조소앙이 관여했을 때는 '민주공화제'라는 표현이 들어갔지만, 조소앙이 관여하지 않았을 때에는 그 문장도 빠졌다.

조소앙은 왜 '민주공화국'을 임시정부의 임시헌장에 명시해야 한다고 생각했을까? 공화국의 종류는 두 가지가 있는데, 하나는 '귀족공화국'이고 다른 하나는 '민주공화국'이다. 공화국은 왕이 없고 민들이 스스로 통치를 하는 것으로 평민이 중심이 되면 민주공화국이고, 귀족이 중심이 되면 귀족공화국이라고 한다. 구한말에 나온 학회지들에 이러한 내용이 이미 소개되었고, 일본에서 법학을 공부한 조소앙은 공화제의 이와 같은 구분에 대해 잘 알고 있었던 듯하다. 조소앙은 새로운 공화국을 세운다 해도 자칫하면 지주나 자본가가 주도권을 쥐는 공화국이 될 수도 있다고 우려했던 것으로 보인다. 따라서 이를 막기 위해 헌법에 단순한 '공화제'가 아닌 '민주공화제'라고 못을 박아놓은 것이다.

1948년 대한민국의 제헌헌법 제1조도 대한민국이 민주공화국임을 명기했다. 해방 직후 좌파는 인민공화국을 주장하고 우파는 민주공화국을 주장하고 있었다. 짧은 기간이었지만 박헌영과 여운형이 만든 인민공화국이 있었고, 당시 좌파에서는 민주공화국이 아닌 인민공화국을 선호했다. 당시 제헌헌법의 초안을 작성한 유진오는 회고록에서 대한민국은 인민공화국이 아닌 민주공화국을 지향한다는 것을 헌법 제1조에 명시하려 했다고 썼다. 이렇게 보면, 현행 대한민국 헌법 제1조의 "대한민국은 민주공화국이다."라는 표현은 대한민국은 귀족공화국도 아니고 인민공화국도 아닌 민주공화국이라는 뜻을 담고 있다고 할 수 있다.

그럼 인민공화국과 민주공화국의 차이는 무엇일까? 가까이에 있는 인민공화국인 북한이나 중국과 민주공화국인 한국을 비교해보자. 양자의 차이를 가장 명료하게 보여주는 것은 삼권분립의 여부이다. 입법, 행정, 사법의 권한이 어느 정도 분리가 되어 있는가 하는 것이 양자를 나누는 가장 중요한 기준이다. 인민공화국의 경우 형식적으로는 그것이 나뉘어 있지만 실질적으로는 당이 모든 권력을 장악하는 체제다. 이론적, 형식적으로 북한에서는 노동당, 중국에서는 공산당이 모든 권력을 장악한다. 다만 북한은 당이 아닌 수령이 지배하는 형태로 바뀌었다.

임시정부를 만든 사람들은 민주공화국의 핵심이 삼권분립에 있다는 것을 잘 알고 있었던 것으로 보인다. 1919년 9월 1차 개헌을 할 때, 그들은 국무원과 의정원 외에 당시로서는 별로 필요할 것 같지도 않은 '법원' 조항을 헌법에 넣었다. 삼권의 분립을 명확히 하고자 했던 것이다. 이와 같이 임시정부는 대한민국은 '민주공화국'이 되어야 한다는 것을 분명히 함으로써 새 나라의 기틀을 확고히 마련하려 했다. 이는 역사적으로 큰 의미를 갖는다고 할 수 있다.

최근 대한민국의 건국 시점을 놓고 1919년설과 1948년설이 맞서 있

임시정부를 만든 사람들은
대한민국을
민주공화국으로 만들고자 했다.

임시정부 국무원 차장들과 안창호 노동국총판

는데, 이와 관련하여 자세히 언급하는 것은 이 글에서는 피하기로 한다. 다만 1919년 10월에 임시정부가 대내외에 알린 민족대표 30인의 선언서 일부 내용을 인용하여 이 문제를 생각해보고자 한다.

대한민국 원년 3월 1일에 이미 우리 민족의 자유민임을 선언하고 이에 따라 금년 4월 10일에 임시의정원과 임시국무원이 성립되니, 이에 우리 민족은 우리 민족의 일치된 의사와 희망에서 나온 대한민국의 국민이 된지라. 일본이 아직 무력으로 우리 3천리의 국토를 점령했거니와 이는 벨기에의 국토가 일찍이 독일의 무력하에 점령되었음과 같은지라 (…) 우리 민족은 대한민국의 국민이요, 우리 민족을 통치하는 자는 대한민국의 임시정부니, 우리 민족은 영원히 다시 일본의 지배를 받지 아니할지라 (…) 일본정부에 대하여 조선총독부와 그에 소속된 모든 관청과 육해군을 철거하고 대한민국의 완전한 독립을 확인하기를 요구하노라.

이 선언문은 1919년 임시정부의 수립으로 이제 우리 민족은 '대한민국의 국민'이 되었다고 선언하고 있다. 또 비록 일본이 아직 무력으로 우리 국토를 점령하고 있지만, 우리 민족을 통치하는 것은 대한민국의 임시정부라고 말하고 있다.

사공은 많고,
갈 길은 멀고

- 기호파: 이승만, 현순, 이동녕, 이시영, 신익희, 윤기섭, 조소앙
- 서북파: 안창호, 선우혁, 차이석, 김구, 이광수, 안공근
- 베이징파: 박용만, 신숙, 신채호, 최창식
- 고려공산당 상하이파: 이동휘, 윤해, 한형권, 김립
- 고려공산당 이르쿠츠크파: 문창범, 원세훈, 여운형, 김만겸, 박헌영
- 무정부주의자: 김원봉

이처럼 임시정부에는 다양한 정파들이 모여 있었다. 당시 이승만은 미국에 있으면서 현순을 통해서 임시정부의 소식을 전해 듣고 있었다. 임시정부는 공식적으로 국무회의를 통해서 운영되었지만, 실제로는 사적인 라인을 통하는 경우가 많았다. 이런 상황이니 임시정부에 참여한 정파들 사이에 권력 다툼이 생길 수밖에 없었다. 특히 이승만을 중심으로 하는 기호파와 안창호를 중심으로 하는 서북파 사이의 갈등이 심각했다.

또 국무총리인 이동휘는 러시아에서 한인사회당을 조직해 사회주의운동을 한 인물이다. 상하이에 와서도 사회주의운동을 계속하고자 한 그는 활동 자금이 필요했고, 1920년 1월 임시정부에서 모스크바에 사람을 보내 자금을 지원받기로 했다. 원래는 여운형, 안공근, 한형권 등 세 사람이 가기로 되어 있었는데, 이동휘가 자기 쪽 사람인 한형권을 몰래

먼저 보내 분란을 일으켰다. 한형권은 모스크바에 가서 60만 루블을 받아서 20만 루블은 모스크바에 보관하고 40만 루블만 가지고 돌아왔다. 그러고는 임시정부에는 한 푼도 내놓지 않고, 이 돈을 한국과 일본의 사회주의운동 지원과 국민대표회의 경비로 주로 썼다. 이동휘는 레닌 정부에서 돈을 주면서 사회주의운동에 쓰라고 했기 때문에 용도에 맞게 쓴 것이라고 주장했다. 임시정부에서 모스크바에 사람을 파견하고자 했을 때에는 임시정부에서 자금을 받기 위한 것이었으니, 임시정부 사람들은 이동휘파의 행태에 대해 앙앙불락할 수밖에 없었다.

임시정부의 재정은 기본적으로 애국금과 인구세 수입으로 충당했다. 이중 애국금의 비중이 월등히 컸는데, 1920년에는 임시정부 전체 수입의 60퍼센트를 차지할 정도였다. 3·1운동 직후 국민들이 일시적 기부금인 애국금을 많이 냈던 것이다. 인구세는 매년 국민들로부터 받기로 한 돈이었지만, 기대한 만큼 많이 들어오지는 않았다. 임시정부에 들어오는 돈 가운데에는 미주에서 보내오는 돈이 상당히 많았다. 하와이 사탕수수 농장의 노동자들이 피땀 흘려 번 돈의 일부를 애국금으로 냈던 것이다. 하지만 구미위원회는 지출 총액의 13퍼센트밖에 안 되는 금액을 상하이로 보내왔다. 이 말은 곧 상하이에 보내는 돈의 7배 정도를 구미위원회에서 사용했다는 뜻이다. 좀더 직설적으로 말하면 이승만이 미국에서 쓰고 남은 일부를 상하이에 보내주는 식이었던 것이다. 이런 상황이니 임시정부 내에서는 이승만에 대한 불만이 높을 수밖에 없었다. 더욱이 이승만은 대통령임에도 불구하고 상하이에는 오지 않고 있었다.

빗발치는 항의에 못 이겨 이승만은 1920년 12월에 상하이에 왔지만,

겨우 반년 정도 머무른 뒤 다시 미국으로 돌아갔다. 당시 상황이 이승만에게 좋지 않았기 때문이다. 이승만이 1919년에 미국정부에 제출한 위임통치 건의안 문제는 계속해서 이승만과 임시정부의 발목을 잡았다. 그 건의안은 미국이 국제연맹의 위임을 받아서 한국을 위임통치해달라는 것이었다. 이승만이 상하이에 머물 당시 이미 그의 위임통치 건의 사실이 상하이에 널리 알려져 있었다. 신채호는 이승만을 "없는 나라도 팔아먹는 사람"이라고 비난하면서 이승만을 대통령으로 선출하는 데 반대하기도 했다. 이동휘는 임시정부를 위해 이승만이 위임통치 건의안에 대해 해명이든 사과든 해야 한다고 주장했다. 또 대통령이 상하이에 없을 때 행정결재권을 국무총리에 위임해달라고 요구했다. 그러나 이승만은 이동휘의 요구를 모두 거부했다. 결국 두 사람 사이는 틀어졌고, 이동휘는 국무총리직을 사임하고 임시정부를 떠나고 말았다. 이어서 이승만도 1921년 6월에 미국으로 돌아가버렸다. 결국 상하이 임시정부에는 대통령도 국무총리도 없는 상황이 되어버렸다.

임시정부를 이끌 사람이 사라진 상황에서 1924년에 대통령 대리를 추대하자는 이야기가 나왔고, 임시의정원은 새로운 국무총리로 선출된 이동녕이 그 역할을 하도록 명했다. 그리고 12월에는 박은식을 새 국무총리 겸 대통령 대리로 추대했다. 이에 이승만은 크게 반발했고, 심지어 미주동포들이 내는 독립운동 자금을 상하이로 보내지 않도록 조치했다. 또 그는 자신이 한성 임시정부에서 선출한 대통령임을 계속 강조했다. 이에 상하이 임시정부는 이승만이 상하이 임시정부의 정통성을 사실상 부인하고 있다고 비판했다. 임시의정원은 결국 1925년 3월에 이승만의 탄핵, 해임을 가결하고, 이어 박은식을 대통령으로 선출했다. 이번에도 이승만은 가만히 있지 않았다. 자신은 한성정부의 대통령이므로 상하이 임시정부가 자신을 탄핵하는 것은 말이 안 된다는 논리를 계속 폈다. 게다가 정통성은 한성정부에 있고, 국내 동포들이 자신을 쫓아내지 않는 한 자신은 계속해서 대통령이라고 주장했다.

이후 임시정부는 대통령제 때문에 이러한 폐단이 생긴다고 보아, 지도체제를 국무령제로 바꾸었다. 그리하여 이상룡, 양기탁, 최창식, 홍진 등이 국무령으로 추대되었으나, 그들은 내각 구성에 실패했다. 1924~25년이 되면 임시정부에 돈도 거의 떨어져 상하이를 떠나는 사람들이 많았다. 또 여러 정파를 아울러서 내각을 구성할 만한 리더십이 있는 인물도 적었다. 결국 임시정부는 1927년 국무령제 대신 주석제를 채택했고, 이동녕이 주석을 맡으면서 다소 안정을 되찾을 수 있었다.

초기 임시정부가 제대로 된 리더십을 세우지 못한 것은 매우 안타까운 일이었다. 이승만은 대통령이 되기 전부터 이미 위임통치 건의 문제로 리더십에 상처가 났고, 상하이에 와서도 임시정부 사람들을 통합하지 못하고 분란만 증폭시킨 채 미국으로 돌아가버리고 말았다. 이동휘는 임시정부의 국무총리로 있으면서도 모스크바 자금 문제로 임시정부 안팎의 사람들로부터 인심과 신임을 얻지 못했다. 임시정부에서 가장 큰 세력을 갖고 있고, 미주에도 기반이 있어 독립운동 자금을 끌어오기도 쉬웠던 안창호는 1923년 국민대표회의 이후 외곽으로 돌면서 임시정부의 전면에 나서지 않았다. 그 공백을 메웠던 사람이 이동녕이었다. 독립운동 명망가들이 다 빠져나간 자리에 그가 홀로 남아 임시정부를 끌고 갔다.

그리고 이동녕의 후계자로 등장한 사람이 김구였다. 잘 알다시피 김구는 우직한 사람이다. 이동녕이 볼 때는 심지가 곧고 다른 생각이 없는 김구가 임시정부를 지켜나갈 것이라 보았다. 1932년 이동녕은 김구에게 임시정부의 위기를 돌파하기 위한 방책을 찾도록 지시했다. 김구가 생각한 방법은 의열투쟁으로, 그는 이를 위한 한인애국단을 구상했다. 그가 구상한 한인애국단은 소수의 사람으로 구성된 비밀조직이었다. 이후에 단원으로 밝혀진 사람은 10명도 되지 않는다. 그 10명이 조직적으로 연결된 것도 아니었다. 김구는 그때마다 사람을 포섭해 "폭탄을 던질 수 있겠나?" 하고 물어보고, 하겠다고 하면 입단서 쓰고 지장 찍고 폭탄을 던지게 하는 식이었다. 그밖의 단원은 이들을 지원해주는 김구 측근의 몇 사람뿐이었다.

가장 먼저 폭탄을 던진 사람은 이봉창이었다. 그는 도쿄까지 가서 천황을 노렸으나 실패했다. 그는 두 개의 폭탄을 갖고 도쿄로 갔는데, 첫번째 던진 폭탄은 위력이 너무 약했다. 당황한 그가 주저하는 사이에 천황 행렬은 지나가버리고 말았다. 이봉창은 도망칠 수 있었지만, 그러지 않았다. 경찰이 다른 사람을 잡아가려고 하는 것을 보고는 "내가 던졌다." 하고는 스스로 잡혀갔다. 당시 상하이에 있던 중국국민당 기관지는 "한인 이봉창이 일본 천황에게 폭탄을 던졌는데 맞지 않았고, 불행히 다른 수레에 맞았다."고 보도했다. 이는 '불행히 맞지 않았다'고 말한 것처럼 되고 말았다. 톈진의 또 다른 신문은 이봉창을 '의사'라고 지칭했다. 일본은 이에 강력히 항의했다. 연이어 일어난 상하이에서의 일본인 승

윤봉길이 폭탄을 투척한 직후의 기념식장

이봉창과 윤봉길 의열투쟁은
임시정부의 위기를 돌파하기 위해
김구가 만든 한인애국단의 투쟁활동이었다.

려 구타 사건을 빌미로 일본군은 상하이의 공공조계를 점령했다. 일본군은 전승 축하식을 상하이 홍커우공원에서 열었는데, 이 자리에서 윤봉길이 또다시 폭탄을 던져 일본군의 시라카와 대장이 즉사했다. 이봉창 의거와 윤봉길 의거는 이렇게 이어져 있었다.

만주사변과 상하이사변으로 일본군에게 짓밟힌 중국인들은 이봉창, 윤봉길 의거 이후 한국인들을 다른 눈으로 바라보기 시작했다. 이후 장제스와 중국국민당은 적극적으로 임시정부를 지원하기 시작했다. 한인 청년들이 황포군관학교(중국군의 육군사관학교)에 들어갈 수 있도록 배려해주었으며, 이후 광복군을 만들 때까지도 계속해서 지원했다. 즉 이봉창과 윤봉길은 임시정부를 살린 은인이었다고 할 수 있다. 해방 후 귀국한 김구는 가장 먼저 일본에 있던 이봉창, 윤봉길 두 사람의 유해를 가져와 효창공원에 모셨다. 김구와 임시정부로서는 가장 고마운 사람들이었기 때문이다. 하지만 윤봉길 의거 직후 그 사건의 배후가 자신이라고 밝힌 김구는 지명수배를 당해서 3년 가까이 피신생활을 해야 했다. 임시정부도 상하이에서 떠나 여기저기 떠돌아다닐 수밖에 없었다.

광복을 준비하다

임시정부가 피난생활을 이어가는 가운데 임시정부 주변에서는 독립운동을 정부 중심이 아닌 당 중심으로 해야 한다는 흐름이 일어났다. 그 결과 가장 먼저 임시정부의 여당 성격을 갖는 한국독립당이 등장했다. 당의 이념으로는 조소앙이 삼균주의를 만들어냈다. 그밖에도 중국 관내와 만주에서 여러 정당이 등장했다. 그리고 이들 독립운동 세력을 하나의 당으로 결집시키자는 움직임이 일어나, 이들은 결국 민족혁명당을 만들었다. 민족혁명당에는 여러 세력들이 합류했다. 주요 참여 정당은 김원봉과 윤세주의 의열단, 김두봉과 조소앙의 한국독립당, 이청천의 신한독립당, 최동오와 김학규의 조선혁명당, 김규식의 대한독립당 등이었다.

민족혁명당은 임시정부를 폐지하고 민족단일당을 만들어 이를 최고의 독립운동 기관으로 삼자는 주장을 폈다. 그러나 김구, 이동녕 등 한국독립당 잔류파는 임시정부 수호를 주장하면서 한국국민당을 만들었다. 그런 가운데 민족혁명당에서 내분이 일어나 한국독립당 세력과 이청천의 신한독립당 계열이 탈당하여 조선혁명당을 만들었다.

1937년 7월 중일전쟁이 발발하자, 한국국민당과 조소앙의 한국독립당, 이청천의 조선혁명당, 미주의 대한인국민회와 같은 우파 민족주의 세력은 광복운동단체연합회를 결성했다. 이에 대응하여 민족혁명당과 조선민족해방동맹(사회주의 계열), 조선혁명자연맹(아나키즘 계열), 조선청년전위동맹(사회주의 계열) 등 좌파세력은 조선민족전선연맹을 만들었다. 그리고 조선민족전선연맹은 조선의용대를 창건했다.

당시 민족혁명당과 한국국민당을 지원하던 장제스의 중국국민당 정부는 양자가 합칠 것을 지속적으로 요구했다. 이에 양측은 통합을 위한 협상을 시작했다. 양측에 속한 각 단체 대표들은 통일전선 결성의 당위성에는 찬성하면서도 당을 조직하는 방식에는 이견을 보였다. 사회주의자들은 하나의 당을 만드는 데에는 반대하고, 원래의 각 단체를 유지하면서 각 단체를 기초로 하는 연맹체를 만들자고 주장했다. 결국 사회주의 계열의 해방동맹과 전위동맹은 통합에 반대하여 떨어져나갔다. 나머지 5개 단체는 단일당 조직에 합의했으나, 좌파는 독립운동의 최고기관을 단일당으로 하자고 주장했고, 우파는 임시정부로 하자고 주장하여 서로 대립했으며, 결국 통합을 위한 협상은 결렬되었다.

통합을 위한 협상이 결렬되자, 우파 쪽 3개 정당은 통합하여 한국독립당을 만들었다. 이 통합 한국독립당은 1940년 충칭에서 만들어졌기 때문에 충칭 한국독립당이라고도 불린다. 이후 한국독립당은 임시정부의 여당 역할을 맡았다. 임시정부는 이어서 광복군을 창설했다. 이로써 임시정부는 한국독립당이라는 여당과 광복군이라는 군을 갖게 되어, 당·정·군의 체제를 모두 갖추게 되었다.

1941년 12월 아시아 태평양 전쟁이 발발하자, 좌파 쪽의 민족혁명당도 임시정부에 참여하겠다고 선언했다. 이에 따라 조선의용대의 일부 병력이 먼저 광복군에 합류했다. 이어서 임시의정원도 민족혁명당, 조선혁명자연맹, 조선민족해방동맹의 인사들을 받아들이기로 하여 의원의 숫자를 대폭 늘렸다. 이로써 임시의정원에는 좌우 세력이 공동으로 참여하게 되었고, 1944년 4월에는 한국독립당과 나머지 정당이 25명씩 균형을 이루게 되었다. 내각의 경우에도 좌파 진영 인사들의 참여를 위해 부주석 제도를 신설했다. 그리하여 임시정부는 주석에 김구, 부주석에 김규식을 선출했다. 국무위원도 14명으로 늘렸다.(이시영, 조성환, 황학수, 조완구, 차리석, 장건상, 박찬익, 조소앙, 성주식, 김붕준, 유림, 김원봉, 김성숙, 조경한) 당파별로 보면 한국독립당 8명, 민족혁명당 4명, 조선민족해방동맹

1명, 무정부주의자연맹 1명이었다.

1941년 11월 임시정부는 대한민국 건국 강령을 만들어 발표했다. 이는 조소앙이 주도하여 만든 것인데, 당연히 여기에서도 삼균주의를 강조하고 있다. 삼균주의는 정치, 경제, 교육에서의 균등을 강조하는 것이다. 균등이념의 강조는 이후 대한민국 제헌헌법의 전문으로 이어졌다. 균등과 평등의 의미는 다소 다르다. 균등은 주로 기회의 균등을 말하는 것으로, 삼균주의에서 정치, 경제, 교육의 균등을 말할 때에도 그것은 주로 기회의 균등을 강조하는 것이었다. 그렇다고 결과의 균등을 완전히 배제하는 것은 아니다. 삼균주의는 기회만이 아니라 결과에서도 어느 정도의 균등을 지향하고 있었다.

삼균주의는 임시정부뿐만 아니라 한국독립당, 민족혁명당의 강령에도 모두 채택되었다. 당시 중국 관내의 민족주의 좌우파의 정당은 모두 삼균주의를 지향하고 있었다고 해도 과언이 아니다. 곧 일제강점기에 민족주의 계열에서 독립운동을 하던 이들은 대부분 '균등'의 이념이 실현되는 사회를 바랐다고 볼 수 있다. 삼균주의는 정치이념상으로 본다면 사회민주주의 내지 민주사회주의에 가깝다.

아시아 태평양 전쟁이 미드웨이 해전 이후 전세가 역전된 가운데 임시정부는 해방을 전망하면서 특히 외교에 노력을 기울였다. 그러한 노력의 가장 중요한 성과는 카이로 선언에서 한국의 독립을 약속받은 것이었다. 한국은 "한국인의 노예 상태에 유의하여 적당한 시기에 한국을 자유 독립케 한다."라는 카이로 선언을 통해 독립을 약속받았다.

1943년 11월 카이로 선언이 있기 몇 달 전인 7월에 임시정부의 김구,

김규식, 조소앙 등은 장제스를 만났다. 그 자리에서 임시정부 요인들은 카이로 회담에서 한국의 독립에 대한 약속을 다른 열강으로부터 확실하게 받아달라고 요청했다. 임시정부는 당시 대두되고 있던 한국 신탁통치설을 크게 경계하고 있었다. 1942년 하반기부터 루스벨트가 구상한 신탁통치안이 신문에 보도되기 시작했는데, 이에 따르면 한국은 해방이 된다 하더라도 연합국의 신탁통치를 받을 가능성이 컸다. 그렇기에 임시정부 요인들은 장제스에게 한국을 '바로' 독립시켜준다는 확답을 받아달라고 요청한 것이다.

약속대로 장제스는 처칠과 루스벨트에게 이를 요청했다. 이에 따라 루스벨트의 보좌관이 한국의 독립을 약속한다는 문안을 만들었는데, 처칠이 그 앞에 'in due course', 즉 '적당한 절차를 거친 후에'라는 말을 집어넣었다. 처칠은 루스벨트가 신탁통치안을 구상하고 있다는 것을 잘 알고 있었고, 이에 동의하고 있었기 때문이다. 임시정부가 많은 애를 썼지만 신탁통치를 암시하는 이 문구를 막지는 못했다. 그리고 신탁통치 논의가 해방 후 모스크바 3상회의와 미소공동위원회까지 이어졌다. 그럼에도 임시정부가 기민하게 외교적 노력을 기울인 것은 인정해야 한다.

1910년부터 1945년까지의 독립운동 기간 동안 임시정부만큼 오랫동안 존속했던 단체는 없었다. 조선공산당은 4년 남짓, 신간회도 4년 정도밖에 존속하지 못했고, 중국에서 활동하던 많은 단체들도 단기간밖에 활동하지 못했다. 임시정부만이 '정부'라는 이름을 지키면서 오랜 시간 동안 그 명맥을 유지했다. 임시정부는 그 상징성과 지속성 때문에 1945년 11월 말 귀국했을 때 국민들로부터 커다란 환영을 받을 수 있었다.

충칭 연화지청사에서 찍은 대한민국 임시정부 요인 환국기념 사진

임시정부는 일제강점기 긴 시간을 버티며 존속했다.
광복 초기 대한민국 정부와 국회는 임시정부 계승을 표방했다.
그리고 임시정부의 제도나 이념은 상당 부분 계승되었다.

그러나 미군정은 임시정부를 전혀 인정하지 않았다. 또 임시정부의 좌파는 8월 15일 직후에 열린 임시의정원 회의에서 불참을 선언한 이후 사실상 떨어져나갔다. 또 1946년 이후 전개된 미소공동위원회와 좌우합작운동의 정세 속에서 임시정부가 그 참여에 소극적인 모습을 보이자, 중도 좌파의 인물들이 떨어져나갔다. 그러나 한국독립당을 중심으로 한 임시정부 내의 우파들은 1947년 초까지 반탁운동을 통해 지지세력을 결집하고, 법통성을 갖는 충칭 임시정부를 새 임시정부로 추대하자는 운동을 펼쳐나갔다. 그러나 이는 미군정의 탄압과 타 정치세력의 비협조로 좌절되고 말았다. 따라서 임시정부는 더이상 힘을 가질 수 없게 되었고, 임시정부의 주도세력은 한국독립당으로 활동해나갈 수밖에 없게 되었다.

1947년에 시작된 미소 간의 냉전으로 인하여, 통일된 한국정부 수립을 위해 개회되었던 미소공동위원회는 실패하고, 한국의 정세는 남북 분단정부 수립으로 치달아갔다. 이 과정에서 김구가 이끄는 한국독립당은 반대 의사를 분명히 했고, 김구와 김규식은 남북협상에 참여했다. 그러나 그들은 아무런 성과를 거두지 못했다. 김구를 비롯한 임시정부 세력은 남쪽의 대한민국 정부 수립에 참여하지 않았다. 그 결과 김구를 중심으로 한 임시정부 인맥은 대한민국 초대 정부로 이어지지 못했다. 다만 이시영이 부통령, 이범석이 국무총리로 들어가는 등 일부 인사는 새로운 정부에 참여했다.

임시정부의
역사적 의의

　　　　　　　　　　　　　5·10선거 이후 국회에서 제헌
헌법을 제정하면서 이승만과 제헌국회 의원들은 대한민국이 임시정부
를 계승하는 정부임을 강조했다. 제헌국회와 이승만 정부는 겉으로 드
러나는 많은 것들에서 임시정부 계승을 표방했다. '대한민국'이라는 국
호, '민국'이라는 연호 등은 모두 대한민국 임시정부에서 가져온 것이
다. '국회'라는 이름도 1919년 9월 임시의정원의 1차 개헌 때 나중에 광
복이 되면 임시의정원을 해산하고 국회에 승계한다고 한 내용을 그대로
따른 것이다. 제헌헌법 각 장의 체제도 모두 1944년 임시정부의 마지막
헌법의 체제를 그대로 본떠서 만들었다. 임시정부에서 강조한 삼균주의
의 균등이념도 제헌헌법의 전문에 반영이 되었다. 당시 제헌국회의 헌
법 독회 과정에서 한 의원이 "제헌헌법에 삼균주의가 제대로 들어갔습
니까?"라고 물었을 때 헌법 기초위원회의 간사가 "어찌 삼균주의만을
넣었겠습니까, 우리는 만민균등주의를 넣었습니다."라고 답했다는 일
화가 있을 정도이다. 이렇듯 광복 초기 정부와 국회는 임시정부 계승을
위해 뚜렷한 노력을 기울였다. 인맥은 부분적으로 계승되었지만, 제도
나 이념적인 측면에서는 상당 부분 계승되었다고 할 수 있다.

　　그러나 현실은 다른 방향으로 흘렀다. 1987년 헌법에서 "우리 대한
민국은 3·1운동으로 건립된 대한민국 임시정부의 법통"을 계승한다고
못을 박기 전까지, 임시정부에 참여했던 사람들은 한국현대사 속에서
매우 불행한 시간을 지내야만 했다.

1987년 헌법이 나오기 전까지 대한민국 정부는 임시정부를 여러 독립운동 단체 중 하나로 평가절하하거나, 임시정부는 명맥만 유지했을 뿐 독립운동에 큰 공이 없다는 식으로 냉소하기도 했다. 이승만 정권기인 1950년대에는 임시정부의 인물들이 여러모로 탄압을 받았다. 박정희 정권기에 들어와서야 임시정부 인사들은 독립유공자 포상을 받았다. 그리고 역사교과서에서 대한민국은 임시정부의 법통을 계승했다는 표현을 사용했다. 그리고 1987년 헌법 전문에서 겨우 제대로 된 평가를 받게 된 대한민국 임시정부는 1990년대 이후에 등장한 소위 뉴라이트 학자들에게서 다시 평가절하를 당하는 일을 겪고 있다.

대한민국 임시정부는 국권 회복을 위해 싸운 여러 독립운동 단체 가운데 하나라고만 볼 수는 없다. 대한민국 임시정부의 수립은 대한민국이라는 나라의 기초를 놓았으며, 비록 임시정부지만 '정부'로서 일시나마 단절된 한국의 역사를 다시 이어나갔고, 일제 지배하에 놓인 한국인들에게 언젠가는 반드시 국권회복이 이루어질 것이라는 희망을 갖게 했다. 또한 그 초기와 후기에는 독립운동 세력을 최대한 결집하여 임시정부의 면모를 갖추었고, 이를 바탕으로 외교운동, 의열투쟁, 무장투쟁 등을 전개하여 국권회복운동을 가장 지속적으로 펼친 조직이었다. 임시정부는 우리 역사 속에서 처음으로 국민주권, 삼권분립, 대의민주주의에 기초한 '민주공화제'를 표방했다. 그리고 한국적 현실을 감안하여 창안한 '삼균주의'를 그 이념으로 삼음으로써, 대한민국이라는 나라의 기틀을 마련했다는 점에서 역사적으로 큰 의미를 갖는다고 할 수 있다.

5

식민지의 젊은이들,
오늘의 젊은이들

이기훈

연세대학교 국학연구원 부교수. 서울대학교 국사학과에서 박사학위를 받았다. 주요 저서로 『청년아
청년아 우리 청년아』 『일제하 광주·전남의 민족운동』 『식민지 공공성』(공저) 등이 있고, 주요 논문으
로 「1920년대 『어린이』지 독자공동체의 형성과 변화」 「집회와 깃발: 저항 주체 형성의 문화사를 위하
여」 「강기문 씨 따라가기: 식민지 한 행상의 삶과 길」 등이 있다.

오늘날 한국의 청년들은 우울하다. 아니 우울한 존재로 상상된다. '청년'이라는 말 뒤에는 실업이나 빈곤 같은 부정적인 단어들이 따라붙는다. 골칫거리 세대이며 구제해야 할 대상이라는 인식이 은연중에 사회 전반에 퍼져 있고, 청년 스스로도 그렇게 생각한다. 청년이 겪는 현실이 가파르고 고달프다는 것을 누가 부정할 수 있으랴? 이른바 '헬조선'도 결국 청년이 겪는 지옥이 아니던가? 청년들이 보기에 기성세대가 큰소리를 칠 수 있는 것은 좀더 좋은 조건 속에서 먼저 사회에 자리 잡았기 때문이다.

청년 문제에 대한 해답을 왜 기성세대가 제시하려 하는가. 청년 스스로 문제를 해결할 수도 있지 않은가. 젊은이들이 정당 정치의 주역이 되지 말라는 법이 있는가. 왜 청년이 사회운동을 주도해서는 안 되는가. 경험, 연륜은 매우 유용한 삶의 자산이지만, 항상 정답을 제시해주는 것은 아니다. 우리는 청년의 과거 속에서 새로운 미래를 보고자 한다. 멀지 않은 과거의 우리 사회에서 청년은 역동적으로 변화를 이끌어내는 주역이었다. 청년이 항상 긍정적인 주체였던 것도 아니다. 제국주의 권력이나 폭압 정권이 장악한 시대에 사람들은 청년을 어떻게 생각하고 어떤 의미를 부여했으며, 그것이 실제 청년세대와 사회 전체에 어떤 영향을 미쳤는지 살펴보자. 청년의 역사가 우리에게 새로운 사회적 상상력을 제공할 것이라 믿는다.

옛날의 젊은이들

청년은 근대 이후 서구와 일본에서 도입된 말이다. 그렇다면 전통시대에는 젊은이를 어떻게 표현했을까? 여러 가지 말들이 있었지만, 보통 '소년少年'이나 '자제子弟'라 칭하는 것이 일반적이었다. 요즘과 달리 소년은 연령을 기준으로 하여 '나이가 적은[年少] 사람'이지만, 아이[童蒙, 童子]보다 성장한 젊은이를 가리키는 말이었다. 이에 비해 '자제'는 '부로父老'를 뒤따르는 다음 세대를 지칭하는 세대 중심의 표현으로 교육의 대상이 되는 젊은 사람들은 대부분 '자제'로 칭했다. 또한 자제는 가문의 지체나 신분을 반영한 말로, 교육과 인재 양성의 측면에서 젊은이들을 논할 때 많이 사용되었다. 한편 '청년靑年'이라는 말이 있기는 했지만, 오늘날처럼 '젊은 사람, 젊은 세대'가 아니라 명사적으로는 '젊은 시기', 형용사적으로는 '젊은' 정도의 의미로 사용되었다. 전반적으로 전통사회에서 '소년'이란 치기를 벗어나지 못한 나이로, 또 '자제'는 미숙하고 교육받아야 하는 존재로 인식되었다. 이는 연륜을 존중하는 농경사회의 가치관을 반영한다.

중세 유럽에서는 아예 미성년의 성장기 아동을 지칭하는 여러 단어들이 뚜렷한 구분 없이 혼용되었다. 그러다가 근대 가족과 학교가 확립되고 이들을 어른들의 사회로부터 '보호'하고 훈육하는 제도가 보편화되면서, 어른과는 다른 순수한 '아동'을 상정하게 되었다.[1] 당연히 아이와 어른의 중간으로서 젊은이라는 개념은 그다지 발달하지 않았다.

유럽에서 아동과 성인 사이에 연령을 기준으로 한 '청년'이라는 과도기를 두어야 한다는 사고방식은 18세기 이후에야 비로소 일반화되었다. 특히 19세기 중반 이래 학교제도가 급속히 발전하면서 청년기는 이전보다 연장되고 독립적인 시기로 인정받았다. 그리하여 청년기는 유예의 시기로서, 젊은이들이 장래 사회의 체제 안정과 유지를 위해 필요한 능력을 갖추어야 하는 시기로 정의되었다.[2]

개항 이후 급격한 서구화를 추진하던 메이지 일본의 지식인들은 이런 서구의 젊은이상과 연령 구분의 개념을 도입하기 시작했다. 1880년 일본의 초기 기독교 지도자 중 한 사람인 고자키 히로미치小崎弘道가 YMCA를 기독교청년회基督敎靑年會로 번역한 이래 근대 일본에서는 세에넨靑年이 젊은이 세대를 일컫는 일반적인 말로 정착했다. 근대 번역어로서 등장한 '세에넨'은 합리적으로 현실을 분석하고 예측 가능한 미래를 준비하는 근대 젊은이를 일컫는 말이었다. 국가는 청년회나 청년단을 적극적으로 조직해 시민사회의 젊은 세대를 천황제 국가체제 안으로 끌어들이고자 했다.[3]

황성기독교청년회관

일본이 YMCA(Young Men's Christian Association)를
'기독교청년회'로 번역한 이래
'청년'은 젊은 세대를 지칭하는 말로 쓰이게 되었다.

일본에서 번역한 '청년'이라는 말을 우리나라 지식인이 처음 사용한 것은 1896~97년 무렵이다. 도쿄 유학을 떠났던 관비유학생들이 발간한 『친목회회보親睦會會報』 5호에 실린 남순희南舜熙가 쓴 「유민설牖民說」이라는 논설에서 근대적 의미의 '청년'이 본격적으로 사용되기 시작했다.[4] 이 무렵 국내에서도 교회에서 '청년회'를 조직하면서 청년이라는 용어가 소개되었다. 그러나 1898년 '대한청년애국회' 명의로 고종의 퇴위를 요구하는 괴편지가 배달되어 파란을 일으킨 사건 이후, 1904년 무렵까지 청년이라는 말은 잘 사용되지 않았다.

1905년 이후 대한제국은 존립 자체가 위기에 놓이게 되었다. 급속한 부국강병, 실력양성을 통한 근대화만이 살길이라는 의식이 확산되었고, 나름 신문물에 눈뜬 '개명한' 인사들이 애국계몽운동을 추진했다. 급진적인 개화의 언어로 금기시되었던 '청년'이 이제 오히려 각광받게 되었다. '청년'이 근대 교육운동의 대상인 새로운 젊은이를 지칭하는 말로 사용되기 시작한 것이다. 그런데 한참 동안 '청년'과 '소년'은 함께 젊은이라는 표현으로 사용되었다. 심지어는 "나이 십오 세 된 청년" "이십 세가 못 된 소년"[5]처럼 오늘날의 의미와 반대로 사용하기도 했다. 근대 교육이 아직 널리 보급되지 않아 소년과 청년을 연령으로 구분하지 않았기 때문이기도 했지만, 젊은이들을 교육의 대상으로만 본 기성세대의 시각이 강했기 때문이었다.

부형도 없고
선배도 없어라

1910년 일제는 대한제국의 국권을 강제로 빼앗았다. 결과적으로 애국계몽운동도 실패했다. 이를 주도했던 개명한 유학자들의 사회적 영향력이 점차 약해지고, 그 대신 근대 학교 교육을 받은 새로운 지식인층이 성장하기 시작했다. 그중에서도 일본에서 본격적인 근대 학문을 배운 유학생 집단의 성장이 두드러졌다. 1910년대 일제가 무단통치를 펼쳐 언론과 문화활동이 거의 제대로 이루어지지 못했지만, 일본 유학생들이 모여 만든 잡지 『학지광』은 이런 새로운 청년의 등장을 보여준다. 이들은 청년을 선도자로 하는 민족의 새로운 정치적 조직화와 근대화를 본격적으로 모색하기 시작했다. 근대 학문을 배운 청년이야말로 마땅히 "굳세고 풍부한 개성들"과 "철저한 '나'를 건설하며 완전한 인격"[6]을 갖춘 사람들이며, 몰락한 선배와 부모세대와 완전히 구분되는 존재라고 생각했다. 이들 유학파 지식인들을 대표할 만한 인물인 이광수는 조선의 청년은 사회적 교육의 대상이 아니라고 생각했다. 조선에는 그럴 만한 선배들이 없기 때문이었다. 조선 청년은 "피교육자 되는 동시에 교육자가 되어야 하고 학생 되는 동시에 사회의 일원이 되어야 하는" "자수자양自修自養"의 세대이자, 나아가 민족의 문명화를 선도하는 집단이며, 개인으로서 확고한 자의식을 갖춘 근대적 주체가 되어야 한다고 말했다.[7]

근대 교육이 확산되면서 1910년대 '청년'은 점차 일상적인 용어로 정착하기 시작했다. 제도와 일상생활의 측면에서 '청년'이 점차 자리를 잡았으며 사람들의 인식 속에서 청년과 소년이 분리되었다. 1917년 발표한 이광수의 소설 『무정』에서는 '청년'과 '소년'을 확실히 구분하고 있다. '경성학교 영어교사 이형식'은 '순결한 청년' '과도기의 청년'[8]이었고 그 제자들은 '여러 소년'[9]들이었다. 이렇게 청년이 소년과 연령적으로 분리되면서 사회를 변화시키는 '청년'의 운동이 가능해졌다. 1920년대는 '청년' 자신이 중심이 되는 사회운동이 가능한 사회적 인식과 실천의 조건이 형성되었던 것이다.

일제강점에 대한 본격적인 전민족적 저항인 3·1운동은 전국으로 파급되어 다수의 민중이 참여하여 전개되었다. 온 나라 방방곡곡을 휘몰아친 이 '민족운동'의 열풍은 누구에게나 영향을 미쳤다. 장을 보러 갔다 참여하거나 구경한 사람들은 말할 것도 없거니와, 그렇지 않더라도 젊은이라면 대부분 산에 올라가 만세를 부르거나 횃불을 들고 만세를 부른 경험을 한번쯤은 다 겪었다. 어떻게든 '민족'의 운동에 참여하게 된 것이다. 만세운동의 참여가 공동의 윤리로 제시되면서 '민족'은 더 분명한 정체성의 근거가 되었다. 일본 관헌이 "(조선인들이) 말과 행동으로 나타내거나 않는 차이는 있을지언정 모두 독립을 기구하는 마음이 열렬하다는 것은 의심할 나위가 없다. 그리고 이번의 소요가 지방에 파급되는 것이 신속했던 것은 상술한 바와 같은 사상이 (민중들에게) 가득차 있었기 때문"[10]이라고 했던 것은 이런 상황을 반영하는 것이다. 그런데 사람들 사이에서 만세운동을 실질적으로 이끌고 이후 사회운동의 주역이 되었던 사람들이 근대 교육을 받은 '청년'들이었다.

단적인 사례를 찾아보자. 151면의 사진속 인물들은 3·1운동 중 시위를 바라보는 군중이라고 알려져 있지만, 실제로는 1919년 2월 말 광화문 고종즉위 40주년 기념비전 앞에서 고종의 장례식 연습을 지켜보고 있던 사람들이다. 사진 중간쯤부터 윗부분에 두루마기 교복과 교모를 쓴 학생들의 모습이 보이는데, 경성고등보통학교 5학년 학생들이다. 그리고 그 가운데 원 안의 인물이 박헌영이다. 1900년생인 박헌영은 고향에서 보통학교를 졸업하고 경성에서 고등보통학교를 다니던 중에 3·1운동이라는 역사적 사건을 만났다. 3·1운동에 참여한 이후 조선을 떠났던 그는 상하이에서 사회주의자가 되었다. 이후 1920년대 사회주의 청년단체에서 사회운동을 주도했고, 제1차 조선공산당의 청년조직인 고려공산청년회 책임자로 활약했다. 일제 경찰에 체포되었다 병보석으로 석방된 박헌영은 일제의 감시를 피해 러시아로 망명하는 데 성공해 큰 파란을 일으켰다. 해방 이후 조선공산당과 남조선노동당을 이끌었고, 북한 부수상까지 역임했던 인물이다. 박헌영만이 아니라 1920년대 활약한 많은 사회주의자들이 비슷한 행적을 보였다. 이제 10대 후반에서 20대 초반이었던 이들 청년들은, 3·1운동이라는 대항쟁에 참여한 민중들 속에서 앞으로 건설해야 할 이상사회의 가능성을 보았던 것이다.

민족주의자들도 마찬가지다. 1899년생인 방정환은 1918년 보성전문학교에 다니고 있었다. 3·1운동 과정에 일본 경찰에 체포되기도 했던 그는, 1920년대 천도교 소년회를 통해 소년운동을 주도했고, 10만 명 이상의 독자를 확보한 잡지 『어린이』를 발간했다. 잘 알려져 있다시피 어린이날을 만든 주역이기도 했으니, 이미 1920년대 중반 그는 수많은 조선의 어린이들에게 잊을 수 없는 '방선생님'이 되었다. 소년운동의 원로가

광화문 기념비전 앞 군중(왼쪽)
청년 박헌영과 그의 부인 주세죽(오른쪽)

만세운동을 이끌고
이후 사회운동의 주역이 되었던 사람들은
근대 교육을 받은 청년들이었다.

된 셈인데, 아직 20대의 청년이었다.

　방정환과 박헌영 같은 두드러진 인사들만이 아니라 실제 1920년대 왕성한 활동을 펼쳤던 많은 민족운동가들은 3·1운동을 거친 청년들이었다. 청년들이 3·1운동에서 민중의 힘과 가능성을 발견했다면, 민중은 운동 속에서 학생들의 활약을 보면서 근대 교육을 받은 청년들에 대한 신뢰를 형성했다. 청년 지식인들이 새 시대를 열었던 것이다.[11]

1920년대,
청년의 시대

　　　　　　　　　　때로는 한 장의 사진이 그 사진 속 사람들의 심정을 절절히 대변해줄 때가 있다. 다음 면의 사진은 1923년 열린 전조선청년당대회 참가자들이 모여 함께 찍은 기념사진이다. 기념사진치고는 뭔가 어색한 느낌을 받는다. 사람들이 거의 얼굴을 알아보기가 힘들 정도로 작게 나왔다. 반면에 건물은 지나치게 화면을 많이 차지하고 있는데다, '전조선청년당대회 대표자 출석기념 계해 3월 24일'이라는 문구 또한 일직선이 아니게 배치되어 있다. 왜 이렇게 이상한 구도로 찍었을까? 사진 가운데 건물 전면에 걸려 있는 저 한반도 지도가 핵심일 것이다. 아마도 참석자들은 사진사에게 한반도 지도를 반드시 넣어달라고 했으리라. 지도를 넣기 위해 사진사는 자꾸 뒤로 물러날 수밖에 없었을 것이고, 사진이 완성된 뒤에 문구도 지나치게 휑한 윗부분에, 그러나 지도는 온전하게 드러내면서 배치해야만 했을 터였다.

1923년 전조선청년당대회 참석 기념사진

인물보다 한반도 지도가 먼저 눈에 띄는 사진 한 장.
사진 속에라도 빼앗긴 나라를 꼭 넣어야겠다는
1920년대 초 식민지 청년들의 민족적 열망이 담겼다.

국기를 사용할 수 없었던 식민지의 청년운동 지도자들에게 한반도는 조선을 나타내는 가장 뚜렷한 상징이었다. 1920년대 초 식민지의 청년들이 얼마나 강렬한 민족적 정체성을 추구하고 있었는지 보여주는 사진이다. 또 이 청년들은 스스로 조선을 대표하고 있다는 강한 자부심과 사명감을 가지고 있기도 했다. 그들은 아마도 이 사진 속의 자신과 한반도 지도를 보면서, 민족운동의 대의와 목적을 다시 한번 느꼈을 터였다. 1920년대는 청년운동의 시대였다.

1910년대 새로운 청년상은 3·1운동 이후 현실의 사회운동과 결합하면서 급격히 확산되었다. 청년운동이 활성화되었고 그 기반인 청년회 조직이 전국으로 확산되었다. 1920년 700개도 안 되던 청년회는 1922년 2000개가 넘었다. 각 지방 청년회가 일어나는 것을 보고 우후죽순雨後竹筍, 풍전사기風前沙起와 같다고들 했다. 이렇게 청년회가 활성화되고 청년운동이 활발해지면서, 민족운동의 주체로서 청년을 정의해야 할 필요가 생겼다. 청년이라는 세대적 주체는 1920년대의 사회정치 공간 속에서 조선 민족이 지향해야 할 새로운 가치와 목표를 상징했고 나아가 민족 전체를 아우를 수 있는 통합적 주체로 부각되었다. 이에 따라 식민지의 다양한 정치세력들은 각자의 근대화 전략에 따라 다른 청년상을 제시하여 대중들을 장악하고자 했다.

1920년대 먼저 주도권을 장악한 것은 민족주의자들이었다. 『동아일보』『개벽』 등 민족주의 언론매체들은 청년을 근대화·문명화를 선도하는 주체, 민족을 통합하는 상징적 주체로 생각했다. 청년은 구조선과 구별되는 새로운 세대이면서, 헌신적 활동으로 계층을 통합하여 민족의

에너지를 결집하는 행동적 주체로 상정되었다.

이들이 이상으로 제시한 청년이란 '수양'을 통해 근대적 합리성을 내면화하고 문화운동을 이끌어가는 계몽적 주체였다. 1920년대 급격히 확산되는 청년회는 청년들이 실제로 자수자양 해나가는 사회정치적 공간으로 상정되었다. 그러나 현실적으로 수양을 통해 '원만한 인격'을 완성한다는 것은 제대로 된 교육을 받지 못한 노동자나 농민들과는 거리가 먼 이야기였다. 결국 수양을 통해 완성되는 진정한 청년이라는 논법은 문화운동의 부르주아 중심성을 합리화시키는 것으로 귀착될 가능성이 농후했다. 특히 1920년대 중반 이후 민족주의자들은 사회주의의 도전이라는 새로운 과제에 직면하게 되면서, 그들이 내세웠던 민족주의의 청년상 역시 변화하기 시작했다. 민족주의와 종교 계열의 언론매체들은 먼저 '준비하고 배우는' 청년의 이미지를 강화함으로써 행동적인 사회주의 청년상에 대응하는 한편, '귀농운동'을 통해 농촌으로의 전환을 모색했다.

한편 1920년대 초반부터 일반적인 문화운동보다 민주주의적 가치와 적극적 실천활동을 중시하는 급진적인 청년상들이 제기되었다. 특히 1923년 개최된 전조선청년당대회는 사회주의자들이 청년에 대한 논의와 실천에서 두각을 나타내는 계기가 되었다. 사회주의자들은 민족주의자들이 내세우는 통합과 실력 양성의 표상으로서 청년상을 부정하고, 청년에게 혁명적 위상과 역할을 새롭게 부여했다.

마르크스주의 이론에서 혁명은 노동자계급과 그 혁명적 전위당이 수행하는 것이다. 그러나 1920년대 조선의 현실에서 가장 활발하고 강력한 사회운동은 청년운동이었다. 따라서 사회주의자들의 가장 중요한 임무는 우선 기존 청년운동의 조직과 이념에서 부르주아들이 가진 주도권을 빼앗아오는 것이었다.

먼저 사회주의자들은 마르크스주의적 혁명 과정에서 청년의 혁명적 위상과 역할을 새롭게 정의했다. 이들은 계급운동의 기반이 취약한 조선에서 계급적으로 자각한 청년을 마르크스주의적 전위로 나아가는 과도기적 주체로 상정했다. 청년이라는 연령적, 세대적 특성은 필연의 자각이라는 측면에서, 또 프롤레타리아적 덕성이 가장 순수한 형태로 발현된다는 점에서 계급 주체와 등치되거나 또는 그것으로 이행하는 과도적 단계로 취급될 수 있었다. 이런 면에서 (무산계급의식을) 자각한 청년, 즉 무산청년이 조선사회에서 대중의 전위대가 될 수 있다고 생각했다.[12] 이 경우 청년은 주체로서 계급의식을 자각함으로써 혁명적 주체가 된다. '자각'이라는 계몽적 주체화를 통해 청년이 완성된다는 점에서는 민족주의와 사회주의의 청년상이 일치한다. 즉 청년은 지식과 도덕, 역사의식 등에 의해 계몽되어 집단(민족/계급) 속에서 자기 위상(선각자/전위)을 발견하고, 나아가 궁극적인 역사적 목표(문명/공산주의)를 향한 진보의 메커니즘을 인식함으로써 청년 주체로 거듭나게 되는 것이다. 그러나 어떤 방식으로 어떤 자의식을 내면화하느냐(무엇을 어떻게 '자각'하느냐)에 따라 전혀 다른 두 실천의 주체가 형성되었다. 계급의식의 자각이란 역사적 필연성을 체득하는 동시에 순연한 계급의식에 눈뜨는 과정, 감성적·행동적 주체로서 다시 태어나는 과정이기도 하다. 이렇게 순수한 감성적 존재로서 '청년'을 재구성하는 것은 '수양'에 의해 통제되지 않은 폭발성과 혁명성을 재발견하는 것이기도 했다.

순수성, 폭발력과 혁명적 존재로서 청년을 정의하면서 사회주의자들은 청년 조직에서 문화운동론자들을 축출하는 투쟁을 시작했다. 이들은 청년심리학에서 일반적으로 청년기를 위험한 불안정의 시기로 파악하고 있던 것과는 달리, '순수한 감격성'의 시기로 해석했다.[13] 사회주의자들은 이런 논리를 바탕으로 많은 청년단체에서 가입 연령을 한정하여 세대교체를 이루고 헤게모니를 장악하는 데 성공했다. 초창기 사회주의적 청년 주체는 과도적 개념으로 상정된 것이기는 하지만, 청년을 이전 세대와 완전히 구분하고 날카롭게 대립시킨 세대론적 전위로 상정했다는 점에서, 한국 근대 '청년'의 역사에서 찾아보기 힘든 시도이기도 했다. 그 이전이나 이후, 이념의 좌우를 막론하고 한국 근대의 '청년' 주체들은 거의 민족 혹은 민중의 세대 전체를 포괄하는 대표이며 상징으로 인식되었기 때문이다.

그러나 1920년대 조선의 청년운동에서 상정한 청년들은 몇 가지 문제를 가지고 있었다. 우선 민족주의자들이 내세운 청년론은 지극히 엘리트주의적인 속성을 지니고 있었다. 지식과 교양을 갖춘 청년은 극소수에 불과했으니 실제 청년운동에서는 지역사회의 지주나 자본가들이 영향력을 발휘했다. 당연히 청년 대중들의 마음이 멀어질 수밖에 없었다. 게다가 1920년대는 조선 전역에서 소작쟁의와 노동쟁의가 크게 확산되던 시점이었다. 기득권을 유지하려는 엘리트 중심의 운동은 점점 대중적 기반을 잃어갔다.

반면 사회주의 청년론은 초기의 상상력을 잃고 도식적인 계급혁명론 속으로 빠져들었다. 1920년대 후반에 접어들어 사회주의운동이 다양한 영역에서 성장하고 계급론적 성향이 강화되면서 '청년=해방운동의 전위'라는 등식은 급격히 약화되어 갔다. 사회주의운동 내부에서 '청년'이 차지하는 비중 자체가 줄어들었다. 우선 청년을 호명하는 빈도가 급속히 감소했고 각종 문건에서도 청년운동은 노동운동과 농민운동 다음의 기타 운동 중의 하나로 밀려나게 되었다 특히 1928년 12월 테제 이후 사회주의자들은 지금까지 청년운동에 지나치게 몰두했다고 평가하면서 청년 내부의 계급적 균열을 명확히 하는 것에 집중하게 되었다. 인텔리겐차 청년 중심의 운동이 부정되면서 계급성은 엄격히 사회적 존재 기반 자체에 관한 것으로 해석되었고[14], 세대적 특성이나 주체적 자각으로서 '청년성=전위성'이 존재할 기반은 사라졌다. 계급론을 주축으로 하는 사회주의적 인식이 정착한 이후 세대로서 청년 담론은 계급의 하위 범주로 급격히 종속된다. 끊임없이 청년의 특수성과 독자성을 논의하지만, '청년'은 이제 상황이 허용하는 조건하에서만 독자성을 가질 따름이었다.

민족주의나 사회주의 공통의 문제는 '청년'이 여성을 완전히 배제한 용어였다는 점이다. 여성들은 청년의 아내 혹은 자매로서 남성 청년 주체의 사회적 조건의 일부가 되거나 계몽의 대상으로 정의되었다. 그러나 동시에 청년이 표방하는 근대화·문명화된 사회에서는 여성에게 남성과 동등한 인격적 권리를 부여해야 했고, 여성해방의 공간이 필요했다. 이 공간은 민족 내부의 다른 많은 사회 영역들 가운데 하나로서, 청년이 주도하는 민족의 하위 범주로 공인되었다. 사회주의자들도 마찬가지였다. 대표적인 사회주의 시인이었던 임화는 대표작「네거리의 순이」에서 주인공 순이를 "청년의 연인 근로하는 여자"로 묘사하고 있다. '청년=남성'의 도식은 흔들림이 없었고, 여성 사회주의자들조차도 이 벽을 넘어서기는 힘들었다. 특히 몇몇 사회주의 지식인들은 신여성을 소비적이고 향락적인 존재로 격하시키는 데 주역을 담당했다.

이 여성 공간 속에서 청년에 대응하는 여성 주체로 청년여자(여자청년)라는 말을 사용하기도 했다. 청년여자들은 '조선의 여자들을 거느릴 대장의 직분'을 가지는 여성들이었다.[15] 그러나 여자청년이나 청년여자라는 용어는 그다지 오래 사용되지도 못했다. 새로운 시대의 여성 주체로 '신여성新女性'이 강력히 대두했기 때문이다. 그러나 '신여성'들은 이른바 '정조'의 문제를 둘러싸고 (남성)청년들이 설정해놓은 한계와 충돌했다. 좌우를 막론하고 성적 금기의 문제에 대해서는 거의 비슷한 태도를 보였다. 나혜석, 김원주 등 신여성의 대표라고 지칭되던 인물들은 사회적으로 고립되었다.

중국에서는 5·4운동 이후 '신청년'운동이 백화문과 신사상운동으로 발전했다. 조선의 '청년'운동도 새로운 문화운동으로 발전했다면, 청년운동은 좀더 풍부한 가능성을 가지지 않았을까? 신여성들을 포괄하는 새로운 시도를 할 수도 있지 않았을까? 당시의 조선사회가 새로운 시대의 아이콘인 '청년'을 문화적 가능성의 영역으로 확장할 만한 역사적 상상력을 가지고 있지 못했던 것은 새삼 아쉬운 일이다.

신여성을 그린 카툰. 『신동아』 1933년 1월호.

"어떤 사람은 팔자 좋아···"
청년 담론에서 여성은 배제되었고,
'신여성'이라는 말이 유행하기 시작했다.
그러나 신여성은 소비적이고
향락적인 존재로 격하될 뿐이었다.

1930년대의
모범청년, 중견청년

1920년대 그렇게 융성했던 민족주의와 사회주의의 청년운동과 논의가 역동적인 역사적 주체로까지 성장하지 못하면서, 권력의 반격이 시작되었다. 1930년대 제국주의 권력은 청년층에 대한 현실적, 이데올로기적 통제를 강화했다. 조선총독부 당국자들이 농촌청년의 문제를 체제 안정의 핵심적인 과제로 받아들이게 되면서, 농촌 지역의 젊은이들을 체제 안으로 끌어들이기 위한 정책들을 본격적으로 개발하기 시작했다. 보통학교 졸업생들을 대상으로 하는 졸업생 지도나 농촌청년훈련소, 강습소 등의 정책이 중견인물 양성과 맞물려 진행되었다.

조선인 사회운동에서는 청년을 스스로 자각하고 이상을 실천하는 적극적이고 능동적인 주체로 상정했다. 그러나 일제는 청년을 기존의 국가체제와 지역사회에 의해 훈육되어야 할 대상으로 못 박았다. 청년은 지도를 받아야 하는 사회적 위치에 있는데, 지금까지 오히려 사회를 지도해왔으니 모순이라는 것이었다. 일정한 방향도 없고 입지도 없는 위험한 존재로 규정된 청년들에게 자수자양이란 허용될 수 없는 것이었고, 청년단은 교사와 관료, 부형들에게 훈육받는 곳에 불과했다. 총독부는 '건전한 국민, 선량한 공민'으로서의 청년을 양성하려 했으며 이는 지역사회의 관료와 유지들로 구성되는 네트워크 속에 중견으로서 편입되어 국가의 정책의지를 향촌 공동체에 충실히 전달하는 존재들이었다.

좌우를 막론하고 조선인 사회운동이 추진력을 상실하면서 청년 담론 또한 중대한 변화를 겪게 되었다. 가장 두드러진 현상은 청년이 문제해결의 주체에서 문제 그 자체로, 사회를 이끌어갈 존재에서 사회가 해결해야 할 고민거리로 전락했다는 점이다. 이제 사회 문제가 되어버린 청년은, 사회의 '선구, 지도자, 명의'들의 해결을 기다려야 하는 처지가 되었다. 고민하고 방황하는 청년상은, 권력이 제시하는 청년의 심리학적 특성과 완전히 일치하지는 않지만 상당히 유사한 면을 지닌다. 이는 총독부의 이데올로기 통제가 어느 정도 성공했음을 보여주는 것이다. 조선인 사회의 청년 담론에도 권력의 시각이 한층 강하게 작용하기 시작했던 것이다.

한편 1930년대 조선인 지식인들 중 일부를 중심으로 파시즘적 청년 담론이 확산되기 시작했다. "차라리 이태리의 파시스트를 배우고 싶다."고 선언한 이광수는 젊은이들에게 "강건한 실질한 청년남녀들이 굳고 큰 단결을 모아서" "순결하고 건전한 봉사의 생활로 대중을 이끄는 지도자"가 될 것을 당부하고 있다. 이광수는 무솔리니를 "큰 단결의 지도자로 전민족의 숭앙을 받는 자"로 칭송했으며, 히틀러의 독일이 국제연맹을 탈퇴한 것을 젊은 독일의 기백이라고 평가하기도 했다.[16] 이광수류의 영웅론과 지도자론이 대중적으로 더욱 확산되면서 파시스트 독재자들이 신비화·영웅화되었고 이상적 청년상도 변화했다. 스스로 히틀러와 독일의 열렬한 숭배자라고 밝히면서 반유태주의의 폭력성조차도 열렬한 민족애의 결과일 뿐이라고 강변하는 논자까지 나타났다.[17] 히틀러나 무솔리니에 대한 숭배와 결합한 감상적인 파시즘 편향은 대중매체들에 의해 더욱 강화되었다. 이런 경향이 속류 출세주의와 맥락을 같이

하고 있었기 때문이었다.

1937년 중일전쟁이 시작되면서 공개적인 장에서 민족주의나 사회주의의 청년 담론은 사라졌고 총독부 권력의 청년 담론만이 지배했다. 총력전을 수행하는 제국주의 권력은 '착실한 청년'의 수준을 넘어서 제국주의 국가를 위해 헌신하는 청년상을 강요했다. 일제가 강요한 신체제의 청년은 파시즘체제의 동원의 최일선으로 규정되었으며 "연성"鍊成을 통해 새로운 병사적 인간형으로 재구성되었다.

전시체제는 능동적이고 적극적이며 헌신하는 청년의 모습을 요구했다. 제국주의 권력은 청년들에게 새로운 체제에 적응하지 못하는 '부로父老'층을 적극적으로 이끌어가는 역할까지 부여했다. 젊고 변화에 빠르게 적응할 수 있었던 청년들을 전국적인 차원의 단일 청년단으로 조직함으로써, 총독부 권력은 보다 효율적인 전시동원과 선전의 체제를 확립할 수 있었다. 이전에 국가로부터 상대적으로 자율적인 공간을 의미했던 '청년'은 이제 역으로 국가의 의지를 인민에게 강제하는 전위로 전환되었다.

해방 이후의
청년들

해방은 청년에게 새로운 국가 건설의 역군, 건국의 초석이라는 새로운 역할을 부여했다. 그러나 또 '청년'은 해방 이후 좌우의 대결을 가장 격렬하게 보여주는 곳이기도 했다. 남한에서 '청년'의 이미지는 우익들에 의해 좌우되었다. 우익 '청년'은 좌익에 맞서 싸우는 실질적인 물리력의 실체였다. 기독청년들을 비롯하여 북한에서 일찍 월남한 청년, 학생들은 지역별로 조직화하기 시작했다. 월남한 사람들 가운데 50퍼센트 이상이 20대 청년층이었고,[18] 특히 1945~46년 사이 월남한 청년들은 북한에서 발생한 일련의 반공투쟁에 가담한 사람들이었다.[19]

좌우익이 대결하는 과정에서 청년단체들은 물리적 대결의 전위대들이 되었다. 1946~47년 사이 우익 청년단체의 회원수는 폭발적으로 늘어났으며, 히스테리에 가까운 반공정신과 이승만 등 지도자에 대한 절대적 충성을 표방했다. 우익 청년조직은 좌익 진영의 사무실을 점거하거나 좌익 인사들을 습격했고 살인까지 저질렀다. 광화문 네거리를 지나는 시민들은 서북청년회 중앙총본부의 간판을 보고 "저곳이 무시무시한 서청본부구나."하며 몇 번씩 보게 될 정도였다.[20] 이승만 정부도 우익 청년단체들을 통합 조직화하여 실제 국가기구화하려고 시도했다. 무엇보다 우익 청년단체들이 이승만에게 개인적 충성을 표시하고 있었기 때문이었다. 한국전쟁과 1950년대 독재정권의 통치 과정에서 청년단체들은 국가를 대행하며 민중에게 무소불위의 권위와 폭력을 행사했다.

그러나 국가기구가 실제 청년들을 완전히 장악한 것은 아니었다. 특히 1950년대 이후 교육이 확대되면서 청년학생들이 증가했다. 이들이 곧 혁명의 주인공이 되었다. 4·19혁명의 주역으로 등장한 '젊은 사자'들은 '순수'와 '정의'의 표상으로 인식되었다.[21] 이것은 공산주의자들의 배후조종이라는 정권의 공격으로부터 벗어나기 위한 방법이면서, 기존

맥아더 장군을 환영하는 서북청년단

청년은 시대마다 다르게 정의되었고,
그에 따라 주어진 역할도 달라졌다.
좌우익이 대결하던 시대의 청년들은
좌익에 맞서 싸우는 물리적인 실체였다.

국가권력이 장악한 '청년'의 이미지로부터 벗어나기 위한 전략이 되기도 했다. 1960년대 이후 대학이 성장하면서 학생운동은 민주주의를 위한 투사로서 청년을 형성했다. 청년학생은 민족, 민중, 민주라는 보편적 가치를 구현하는 주체이며, 대학은 이를 위한 공간이어야 하고 대학문화는 민중과 민족문화의 산실이 되었던 것이다.

청년의 사회적 의미는 계속 변화해왔다. 청년은 새롭게 등장한 근대적 어휘였다. 이 말은 3·1운동 이후 식민지 조선에서 새로운 희망과 저항, 미래의 상징이기도 했고, 또 어떤 때는 기존 국가권력이 휘두르는 폭압의 실행자를 의미하기도 했다. 또 어떤 때 청년은 사회가 해결해야 하는 문제로 인식되기도 한다. 신자유주의 질서 아래에 있는 지금 청년이 그렇듯, 자본의 지배력이 확고하고 보수적인 이념이 사회를 지배할수록 더욱 그렇다. 사회가 문제가 아니라 청년 개개인이 문제라고 생각하게 만들기 때문이다. 그러나 그렇게 생각하도록 강요하는 기성의 체제와 문화 밖에서, 우리는 청년이 세상을 다르게 설계하려 했던 사례들을 무수히 많이 찾을 수 있었다. 청년이란 상황과 조건에 따라 다르게 정의되는 주체들이다. 연령마저도 일정하지 않다. 기성사회와 새로운 세대의 사회적 관계에 따라 다양하게 정의되고 변화하는 젊은이들이다. 어떤 면에서 비어 있는 주체들이라고 보아도 될 것이다. 한마디로 오늘의 청년을 정의할 수 있는 시점은 이미 지나간 듯하다.

청년세대 내부에는 다양한 흐름과 사회적 균열들이 존재한다. 그러나 청년들은 문젯거리나 해결의 대상이 아니며, 스스로 결정하고 판단하며 사회의 운명에 개입할 수 있는 적극적인 주체들이다. 청년이 스스로 현실과 미래에 개입하고 역사적 상상력을 동원해 자신들을 정의할 때 새로운 가능성이 열릴 것이다. 그러므로 청년이 어떤 사람들인가에 대한 정의는 잠시 비워두자. 지나간 청년들의 역사가 새로운 상상력의 근원이 될 것이다.

6

기억 저편의
사회주의 혁명가들

최규진

성균관대학교 동아시아역사연구소 수석연구원. 성균관대학교 사학과에서 박사학위를 받았다. 주요 저서로 『근대를 보는 창 20』 『조선공산당 재건운동』 『한국현대사와 사회주의』(공저) 『한국사의 이해』 (공저) 등이 있고, 주요 논문으로 「1920년대 말 30년대 초 조선 공산주의자들의 신간회 정책」 「역사 주체의 새로운 발견과 역사인식」 「근대의 덫, 일상의 함정」 등이 있다.

일제 관헌 자료를 읽을라치면, 반드시 채로 걸러 가며 읽어야 한다. 곧이곧대로 다 믿으면 큰일이다. 모든 사료가 그렇듯이, 그 안에는 글 쓰는 사람의 의도가 들어 있거나, 어떤 왜곡이 있을 수 있다. 그래서 역사가는 늘 사료 비판을 한다.

일제 관헌 자료에는 사회주의 사상이 독립운동에 큰 영향을 미치고 있어서 골머리를 앓고 있다는 내용이 나온다. 자료에 따르면, "노동쟁의 소작쟁의에 붉은색이 돌고, 거의 모든 파업과 소작쟁의 배후에는 사회주의자가 있다." 일제는 "3·1운동 뒤에 낙담한 조선 민중에게 사회주의 운동은 일종의 자극과 광명을 주었다."고 걱정했다. 이 말은 사실일까.

누구나 곧바로 확인할 수 있다. 비록 검열을 거쳤을망정 『조선일보』와 『동아일보』 심지어 조선총독부 기관지인 『매일신보』에도 사회주의 관련 사건이 헤아릴 수 없이 많이 실려 있다. 일제 경찰마저도 "조선문

신문지상의 특호 활자는 모두 공산당 사건으로 인쇄하고 있다고 해도 지나친 말이 아니다."[1]라고 했다. 그럼에도 사람들은 왜 사회주의 독립운동가를 낯설어 할까. 혹독한 고문을 받고 목숨까지 빼앗긴 그 많던 사회주의자들을 누가 기억이나 해주는가.

남한도 북한도 사회주의자를 반기지 않는다. 반공을 으뜸으로 삼는 남한에서 '독립운동사'에 사회주의자를 끌어들이는 것이 편할 턱이 없다. 3대째 세습체제를 유지하면서 사회주의 국가라고 우겨대는 북한은 또 어떤가. 북한은 예전의 사회주의 운동가 모두가 민족해방운동에 해를 끼친 '종파분자'였다고 낙인찍었다. 북한에서는 오로지 김일성만이 '빛나는 항일무장투쟁'을 했다고 귀가 따갑게 되풀이할 따름이다. 조지 오웰이 말했던가. "미래를 지배하려는 사람은 과거를 지배한다." 미래를 지배하려는 사람은 자신이 바라는 것을 남에게 기억시키며 그밖의 다른 것은 잊게 만든다. 이렇게 남북한 '역사'는 사회주의 운동가들을 기억 밖으로 밀어내고, 또 그렇게 '공식역사'는 지배체제를 지탱하는 무기가 된다.

'독립운동사'에 꽤 관심이 많은 사람도 사회주의자를 제대로 알지 못하는 일이 흔하다. 기껏 기억한다고 해도 사회주의자란 터무니없이 '과격'했던 사람쯤으로 여긴다. '과격'이라는 말은 어디서 비롯된 것일까. 결론부터 말하면, 일제가 그렇게 불렀다. 조선총독부 기관지인 『매일신보』는 다수당이라는 뜻을 가진 볼셰비키를 '과격파'라고 부르면서 온갖 흉측한 이미지를 덧씌웠다. 『매일신보』가 전하는 러시아 '과격파'는 '신성한 개인의 재산을 빼앗고 부인 공유제'를 주장하는 사람들이었다.[2] 『매일신보』는 '과격파'라는 말을 퍼뜨리면서 사회주의에 대한 불안과 혐오를 만들어냈다. 일제가 만들어낸 '과격파' 이미지는 반사회주의 정서를 부추기고 친일파의 흥을 돋우었다. 일제는 1923년에 '과격운동단속법'이라는 이름으로 사회주의 탄압법을 준비하다가[3] 마침내 1925년에 치안유지법을 시행했다. 일제는 "국체國體를 변혁하고 사유재산제도를 부인하는" 사회주의자들을 치안유지법으로 옭아맸다.

그들은 왜
사회주의자가 되었을까

이 땅에도 사회주의 사상이 낮은 수준에서나마 언뜻언뜻 소개되고 있었다. 『한성순보』는 유럽과 러시아에 "귀천과 빈부를 평등하게 하려는 사상이 있다."는 기사를 실었다.[4] 1900년대 『황성신문』이나 잡지 등에서 1905년 러시아 혁명이나 사회주의자들의 움직임을 소개하기도 했다.[5] 그뒤에 몇몇 선진 지식인이 중국과 일본 책을 읽으면서 좀더 깊게 사회주의를 알아갔다. 식민지 시대의 한 사회주의자는 1917년 러시아 혁명이 성공한 뒤에 학자들의 책상 위에 비로소 사회주의 책이 놓였으며, 1919년 3·1운동 뒤에 잡지나 신문 등을 통해 일본과 중국에서 '수입'하게 되었다고 설명했다.

한국의 사회주의 사상은 민족모순과 계급모순이 날로 깊어지던 식민지 시대에 러시아 혁명의 영향을 받으며 싹트기 시작했다. 1919년 3~4월에 걸쳐 200만 명 넘게 참여한 3·1운동의 용광로에서 독립운동가

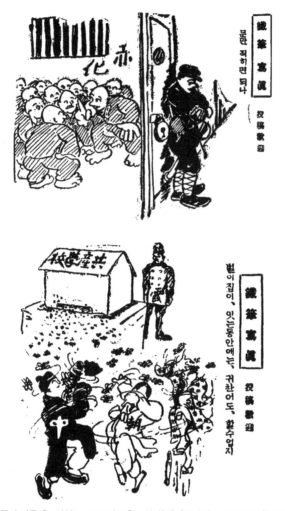

사회주의 풍자 카툰. 『조선일보』 1926년 12월 5일자(위), 『동아일보』 1925년 2월 20일자(아래).

1920년대, 젊은이들 사이에 사회주의가 크게 유행했다.
식민지 조선에는 '마르크스 보이' '엥겔스 걸'이 넘쳐났다.
그러나 사회주의를 실천하는 길은 가시밭길이었다.

들은 민중의 힘을 보았다. 웅장한 3·1운동의 분수령을 넘자 그들은 "문화운동자, 테러리스트, 사회주의자로 분화하기 시작했다."

3·1운동이 남긴 감성과 심리, 일본 지배에 대한 민족적 감정, 대중운동 과정에서 받은 자극, 노동자·농민의 처지에 대한 연민, 인텔리의 지적 욕구 등 사회주의를 받아들인 계기는 저마다 달랐을 것이다. 그 계기야 어찌 되었든, 억압에서 벗어나 새 세상에 살고 싶다는 희망이 그 안에 담겨 있었다. 1920년대부터 사회주의 사상은 하나의 큰 흐름이 되었다. 젊은이들 사이에서 사회주의가 크게 유행하여, "입으로 사회주의를 말하지 않으면 시대에 뒤지는" 상황이 벌어졌다. 이 새 세대를 일컬어 그때는 '마르크스 보이' '엥겔스 걸'이라고 불렀다. "유행병처럼 사회주의가 번지면서" 입으로만 사회주의를 말하는 '행세식 사회주의자', 남성 중심이며 양반 특권의식을 버리지 못한 '봉건적 사회주의자'마저 생겨날 정도였다. 일제는 이런 '사회주의자'를 겉은 빨갛지만 속은 하얀 사과에 빗대어 비아냥거렸다.

사회주의를 실천한다는 것은 그야말로 가시밭길이었다. 사회주의자가 되려면 시퍼런 칼날을 들이미는 치안유지법을 견뎌내야 했다. '사상경찰'의 끈덕진 추격과 감방을 두려워하지 않는 용기가 있어야 했다. 입신양명을 팽개쳐야 했고, 스위트홈이니 현모양처니 하는 달콤한 유혹에서 벗어나야 했다. 그럼에도 1920년대부터 일제 식민체제를 밑뿌리부터 엎어버리려는 공통의 감각과 새로운 세계관이 생겨났다. 그들이 새롭게 획득한 감각과 세계관은 해방의 감각이었고 마르크스주의 세계관이었다.

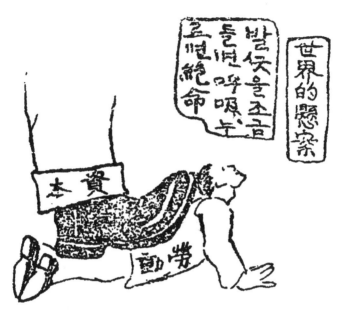

"발을 조금 들면 호흡 누르면 절명." 『개벽』 1923년 2월호.

사회주의 사상의 큰 흐름은 억압에서 벗어나
새 세상을 살고 싶다는 희망이었다.
"발을 조금 들면 호흡 누르면 절명"
자본 대 노동의 세계관을 보여준다.

개량인가, 혁명인가

1917년 러시아에 소비에트 정권이 들어서고 1918년 연합국이 제1차 세계대전에서 승리했다. 세계 곳곳에서 '세계 개조'의 기운이 감돌았다. '세계 개조'란 민주와 평등을 지향하는 개혁을 뜻했다. 3·1운동 뒤에 식민지 조선에도 '개조'의 바람이 불었다. 무엇을 어떻게 바꾸어야 하는가를 놓고 저마다 의견이 갈렸다. 민족주의자는 개인과 정신의 개조를 강조했다. 그러나 새롭게 사회주의 사상을 받아들인 사람들은 식민지체제를 떠받치는 정치·경제·사회를 개조해야 한다고 주장했다. 그들은 개인 수양이나 생활개선 따위를 주장하는 것은 개량주의라고 여겼다. 사회주의자들에게 '개조'란 "강자의 계급사회를 끝내고 약자의 평등사회를 이루는 것"이었다. 이들이 말하는 '약자의 평등사회'란 "자본가의 반성에 기초한 온정주의가 아니라 빈부의 계급전쟁을 치러야만 이룩되는 사회"였다. 그들은 평등사회를 이루려면 어쩔 수 없이 '계급전쟁'을 치러야 한다고 주장했다.

어떻게 독립할 것이며 독립한 뒤에 어떤 나라를 세워야 할까. 3·1운동 뒤에 이러한 고민이 더욱 깊어지면서, 민족해방운동 방침이 여러 갈래로 나뉘기 시작했다. 이승만처럼 "어차피 우리 힘으로는 되지 않으니, 강대국과 외교를 잘해 독립하도록 해야 한다."고 생각한 사람이 있었다. 의열단처럼 "흉악한 일제 지배자들을 응징해야 한다."고 생각한 사람도 있었다. "우리 민족이 힘이 없어 식민지가 되었으니 차츰 힘을 길러 독립해야 한다."고 주장하기도 했다. 물산장려운동과 민립대학설립운동이 대표적인 보기다. 이광수처럼 "조선의 민족성이 형편없으니 민족성을 뜯어고쳐야 한다."는 야릇한 방침도 나왔다. 맨손으로 싸웠던 3·1운동을 뒤돌아보며 "이제 나라 밖으로 나가 무장투쟁을 해야 한다."는 주장도 크게 힘을 얻었다. 그에 따라 청산리·봉오동전투를 비롯하여 광복군의 활동과 조선의용대의 전투가 있었다. 그밖에 만주유격대와 동북항일연군 등 해외 사회주의 계열의 무장투쟁도 있었다.

국내에서 활동하던 운동가 가운데는 "조선 민중이 똘똘 뭉쳐 온 나라에서 한꺼번에 들고 일어나야 한다."고 생각하는 운동 진영이 있었다. 이 같은 '전국적 봉기노선'을 추구했던 사람들이 바로 사회주의자였다. 사회주의자들이 보기에, 외교독립론과 실력양성론은 개량주의였고 이광수가 주장한 민족개조론은 친일의 논리와 다를 것이 없었다. 사회주의자들은 3·1운동에서 보여주었던 대중의 잠재력을 굳게 믿었다. 그러나 그들은 지난날 민족해방운동이 '과학적'인 방침과 튼튼한 조직이 없어서 실패했다고 판단했다. 마치 사회주의자들은 "우리에게 과학을 달라, 우리에게 조직을 달라, 그러면 일제를 타도하고 새 세상을 세울 수 있다."라고 주장하는 듯했다. 그들이 말하는 '과학'이란 사회주의였고, '조직'이란 공산당과 노동조합, 농민조합 등이었다.

전국적 봉기, 다시 말하면 혁명이 어디 말처럼 쉬울까. 자잘한 일상에서 벗어나 역사의 방향을 설계하는 사람은 늘 소수이기 마련이다. 그러나 혁명은 몇몇이 저지르는 어떤 음모나 단순한 정권 교체가 아니다. 혁명은 대중이 한꺼번에 일으키는 거대한 물결이다. 혁명은 낡은 것을 쓸어버리고 새 세상을 열 것이다. 어제까지 할 수 없을 것처럼 보였던 것을 이제 할 수 있게 되고 내 삶이 실제로 바뀌는 것, 그것이 곧 혁명이다.

그 벅찬 희망을 위해서 대중과 어떻게 관계를 맺어야 할까. 이것이 사회주의자들의 고민이었다. 1920년대 초반에 그들은 사회주의 사상을 보급하는데 힘을 쏟았다. 일제의 압박 속에서도 어떻게든 강연회를 열고, 신문과 잡지를 통해 사회주의 사상을 알렸다. 검열 속에서도 제한적이나마 사회주의 지식이 퍼졌다. 민족주의 계열에서 낸 잡지와 신문마저도 사회주의를 소개하면서 두 진영이 함께 발맞춰나가야 한다는 논조를 펼치기도 했다. 나라 안팎에서 남몰래 인쇄한 비합법 출판물도 지식인과 선진적인 대중을 대상으로 사회주의 사상을 강력하게 전달했다. 사회주의는 차츰 사상에서 운동으로 바뀌어 갔다. 사회주의자들은 노동자 파업과 소작쟁의 같은 대중투쟁과 결합하기 시작했다. 3·1운동을 겪으며 역사의 무대에 나서기 시작한 대중이 사회주의 사상에 공명하는 일이 많아졌다.

사회주의는 어떻게 식민지 조선인을 매혹시켰는가. 예전에 볼 수 없었던 '과학적'인 사회분석 때문만은 아니었다. 사회주의 운동가들은 계급 대립을 뛰어넘는 보편적 이상향을 상상하고 있었다. 『동아일보』에 실린 한 논설에서는 사회주의자란 "현대사회에 대한 증오는 폭풍같이 맹렬하나 인간을 사랑하는 따뜻한 정이 더욱 간절한 사람"이라고 적었다. 그리고 "우리는 과학적인 냉정한 뇌와 이상에 불붙는 따뜻한 가슴으로 사회주의를 잘 이해할 필요가 있다."고 했다.[6]

어쩌면 인간에 대한 따뜻한 사랑, 그것이 혁명가의 으뜸가는 태도일지도 모르겠다. 전봉준도 "왜 난리를 일으켰는가."라며 혹독한 심문을 받을 때, "억눌린 저 민중을 보며 차마 어쩌지 못해서 그러했다."고 말했

노동자 국제주의. 『동아일보』 1925년 5월 1일자.

아무것도 가지지 않은 노동자가
자본주의 세계를 걷어내고 자유세계를 열고 있다.
노동자 국제주의를 보여준다.

다 하지 않던가.

직업적 혁명가들과
1920년대 조직

어찌 보면 역사쓰기는 우격다짐이다. 그토록 풍부한 여러 사건과 온갖 속사정, 그리고 숱한 사람의 갖가지 행위와 감정을 몇 마디 말로 적어야 하는 힘든 일이 역사쓰기이다. 일제의 탄압으로 비합법활동을 할 수 밖에 없었던 사회주의자들의 경우는 더하다. 모든 대중투쟁이 사회주의 영향을 강하게 받았기 때문에 사회주의자가 한 일을 다 쓰려면 민족해방운동사 전체를 설명해야만 한다. 그러나 여기서는 사회주의자들이 국내에서 한 일을 거칠게 훑어보려고 한다.[7]

1920년대 초 국내에 사회주의 사상이 보급되자 지식인·청년·학생·선진 노동자들은 대중단체와 여러 '서클'을 만들었다. 일부 사회주의자는 사상단체를 만들어 활동했다. 사상단체는 합법 간판을 내걸었으나, 사실은 이면에 비밀 사회주의 조직을 두어 그 단체를 지도하고 있었다.

여러 서클과 사상단체는 조선공산당을 건설하여 민족해방운동의 지렛대로 삼으려 했다. 사회주의자들은 '직업적 혁명가들'의 모임인 당을 중요하게 여겼다. 언젠가 대중투쟁이 크게 일어났을 때, 지도부가 없다면 실패할 수밖에 없다고 생각했기 때문이다. 당이란 계급의 기억을 대중에게 전달하고 대중투쟁을 올바른 방향으로 안내할 비밀조직이었다.

그러나 일제의 감시망을 뚫고 여러 그룹이 뜻을 모아 당을 건설하는 것은 쉽지 않았다. 마침내 1925년 4월 비밀리에 조선공산당을 결성했다. 조선공산당은 일본과 만주에도 조직을 두었고, 국내의 여러 대중조직 안에도 하부조직을 만들어 영향을 미쳤다. 민족독립에는 사회주의자와 민족주의자가 뜻을 같이 했지만 어떻게 독립을 이루어야 하며, 독립된 국가는 어떤 모습이어야 하는지 등에 대해서는 의견이 달랐다. 그럼에도 조선공산당은 창립 초기부터 비타협적 민족주의자들과 공동투쟁을 하는 데 힘을 쏟았다. 조선공산당은 순종 장례 날을 기회로 삼아 제2의 3·1운동을 일으킬 계획을 세우고 비타협 민족주의자들과 함께 6·10만세운동을 준비했다. 1927년에는 '민족협동전선'인 신간회 결성에 앞장섰다.

조선공산당은 네 차례에 걸친 일제의 혹독한 탄압을 받아 1928년에 해체되었다. 그동안 몇백 명의 사회주의자가 검거되거나 나라 밖으로 망명했다. 당원 가운데 지식인이 차지하는 비중이 높았고, 여러 정파 사이에 의견이 엇갈려 통일을 이루지 못한 것은 조선공산당의 한계였다. 조선공산당은 전국적인 운동을 지도할 조직으로 성장하려 했지만, 일제의 탄압을 이겨내지 못했다.

1920년대는 '조직의 시대'로 일컬을 만큼 전국 곳곳에서 대중단체가 많이 생겼다. 이 단체를 만드는 데 사회주의자들이 앞장섰다. 민중이 역사의 주체라고 생각한 그들로서는 마땅히 해야 할 일이기도 했다. 1920년 4월에는 최초의 근대적이며 전국적인 노동단체인 조선노동공제회를 창립했다. 노동단체가 발전하면서 1924년에는 조선노농총동맹을 결성했다. 조선노농총동맹은 '노동계급을 해방하여 완전한 신사회를 실현하는 것을 목적으로' '철저하게 자본가 계급과 투쟁'한다는 강령을 내걸었다. 노동자와 농민을 같은 조직에 포함시킨 것이 한계로 지적되면서 1927년에 조선노농총동맹을 노동총동맹과 농민총동맹으로 나누었다.

노동단체가 발전하는 것에 발을 맞추어 노동운동도 활발해졌다. 1921년 9월 부산 부두노동자가 맨 처음 연대파업을 일으킨 것을 비롯하여 크고 작은 파업이 곳곳에서 일어났다. 1920년대 노동운동은 1929년 원산총파업에서 절정에 이르렀다. 원산 인구 가운데 3분의 1이 참여해 4개월 동안 이어진 원산총파업은 일제와 자본가의 탄압으로 실패했지만, 노동자를 비롯한 민중세력이 민족해방운동의 중요한 역량으로 성장하고 있음을 보여주었다.

소작쟁의는 삼남지방에서 많이 일어났다. 처음에는 소작료 인하와 지세, 공과금을 지주가 내라고 요구하는 쟁의가 많았으나 시간이 갈수록 소작권을 이동하는 것에 대한 쟁의가 늘어났다. 그밖에도 전국 곳곳에서 수리조합 반대투쟁이 일어났다. 1923년 8월부터 무려 1년 가까이 싸운 전라남도 무안군(2017년 현재 신안군) 암태도 소작쟁의는 1920년대 전반기의 대표적인 농민운동이었다. 암태도 소작농민들은 암태도 소작회를 결성하여 70~80퍼센트에 이르는 가혹한 소작료를 40퍼센트로 낮추었다.

1920년대 학교에서는 일제의 식민교육에 반대하는 운동이 널리 일어났다. 학생들은 민족차별을 없애고 교육 여건을 개선하라고 요구하면

1920년대, 조직의 시대. 『동아일보』 1925년 4월 28일자.

1920년대는 그야말로 조직의 시대였다.
노동당, 북풍회, 화요회, 무산동맹 등
사상단체가 힘을 하나로 모았다.

서 동맹휴교를 했다. 1926년 6·10만세운동 때도 학생들의 활동이 눈부셨다. 사회주의 계열의 조선학생과학연구회는 전문학교 학생과 고등보통학교 학생을 동원하여 순종 장례행렬이 지나가는 길에서 만세 시위를 했다. 6·10만세운동 뒤에 학생운동은 더욱 발전했다. 학교마다 사회주의 독서회, 비밀결사 등을 만들어 동맹휴교를 이끌었다. 학교 당국은 '불온학생'을 처벌하기에 바빴다. 1920년대 학생운동은 1929년 11월 광주학생운동을 계기로 절정에 이르렀다. 광주학생운동은 성진회 등 비밀결사의 활동이 큰 힘이 되었다. 광주학생운동은 곧바로 목포, 나주를 거쳐 서울로 이어졌고, 해를 넘겨 1930년 새 학기가 되면서 전국적인 항일운동으로 번졌다.

1920년대 들어 여성운동도 활기를 띄었다. 여성이 자신의 사회적 지위를 인식하면서 여성단체를 만들어 사회운동에 나서기 시작했다. 민족주의 세력과 사회주의 세력으로 나뉘어 있던 여성단체는 1927년 신간회가 창립되면서, '조선 여자의 공고한 단결과 지위 향상'을 목적으로 근우회를 출범시켰다. 근우회는 기관지 『근우』를 발간하고 전국 순회공연과 강연회 등을 열어 여성해방에 대한 인식을 확산시켰으며, 사회운동에도 적극 참여했다. 그러나 1931년 신간회가 해소되면서 근우회도 해체되고 말았다. 1923년에는 도살과 고기 파는 일을 하던 '백정'이라는 특수 직업인이 자신의 신분차별과 사회적 멸시를 타파하려고 경남 진주에서 조선형평사를 조직했다. 형평사는 전국 곳곳에 지사와 분사를 둔 전국 조직으로 발전했다. 형평사는 백정의 인권운동에만 그치지 않고 사회운동에도 참여했다.

투쟁을 통한 조직,
조직을 통한 투쟁

세계사에서 1930년대만큼 독특한 시기도 드물다. 공황을 맞이한 자본주의는 크게 휘청거렸다. 1930년대는 '사상에 대한 정열의 시대'였다. 사회주의가 많은 지식인에게 깊은 영향을 주었다는 뜻에서 '붉은 10년'이라고 부르기도 한다. '전쟁과 혁명의 시대' '파시즘의 시대' 등으로 이름 짓기도 한다. 일제와 식민지 조선 모두 그런 시대 분위기에 휩쓸렸다.

일제는 세계 대공황에 맞닥뜨려 '군국파시즘체제'로 전환하고 군사침략을 하여 독점자본의 활로를 찾으려 했다. 그리하여 1931년 만주사변과 1937년 중일전쟁을 일으키고 제2차 세계대전에 뛰어들게 된다. 1930년대의 무기경제는 자연스럽게 세계전쟁으로 나아갔다. 일제는 1920년대에 행했던 '문화정치' 가면을 벗어던지고 식민지 조선을 대륙병참기지로 만들면서 '전시강제동원체제'로 전환했다. 일제는 엄청난 탄압을 퍼부으며, 조선 사람을 황국신민으로 만들려 했다.

많은 민족주의자가 일제에 무릎을 꿇고 친일파가 되었다. 전향하는 사회주의자도 적지 않았다. 그러나 일제에 타협하지 않는 민족주의자가 아직 있었고, 비합법 영역에서 수많은 사회주의자가 대중과 함께했다. 오히려 사회주의자들은 공황과 전쟁으로 자본주의 위기가 폭발하고 있다고 판단했다. 그들은 자본주의가 곧 생명을 다할 것이라는 혁명적 낙관주의를 품었다. 공황을 맞이하여 격렬하게 투쟁하는 노동자와 농민이 그런 낙관주의를 뒷받침했다.

1928년 조선공산당이 무너지자마자 사회주의자들은 다시 당을 건설하는 투쟁을 시작했다. 여러 그룹이 당재건 준비조직을 만들었다. 그들은 저마다 "공장으로! 광산으로! 농촌으로!"라는 슬로건을 내걸고 공업 중심지와 농촌 지역에서 선진적인 활동가와 결합하여 당의 기초를 닦으려 했다. 이재유 그룹처럼 끈질기게 당건설투쟁을 이어가며 여러 대중투쟁을 일으킨 일도 있지만, 끝내 당재건의 뜻을 다 이루지는 못했다. 비합법활동을 해야 하는 어려움 때문이었지만, 여러 그룹이 곳곳에 흩어져 따로따로 당재건운동을 한 탓도 있었다.

식민지 조선의 노동자와 농민은 1929년 공황의 여파로 일제와 자본이 탄압의 고삐를 죄어오자 자신의 생존권을 지키기 위해 파업투쟁과 소작쟁의를 활발하게 일으켰다. 사회주의자들이 여기에서 힘을 얻어 혁명적 노동조합과 혁명적 농민조합 운동을 했다.

사회주의자들은 옛 공업 중심지와 1930년대부터 진행된 '병참기지화 정책'에 따라 새로 발달한 공업지대를 중심으로 혁명적 노동조합운동을 했다. 혁명적 노동조합운동이란 개량주의를 물리치고 파업위원회 같은 조직을 만들어 끈질기게 투쟁하자는 운동이었다. 혁명적 노동조합운동과 함께 파업투쟁이 드세게 일어났다. 숙련공과 미숙련공, 남성과 여성, 그리고 한 지역의 같은 직종에 있는 노동자들이 함께 파업에 참여하는 일도 많았다. 1930년대 북부 지방에 중화학공장이 생겨나자 파업투쟁도 평안도, 함경도 등 북부 지방에서 많이 일어났다. 공업 중심지에서 일어난 파업은 매우 조직적이었다. 일제가 단순한 파업조차 정치범죄로 다루었기 때문에 파업은 경제투쟁에서 정치투쟁으로 옮겨 가기도 했다. 노동자들은 생존권 문제뿐만 아니라, "일제의 침략전쟁 반대, 중국 혁명 지지" 등의 구호를 내걸기도 했다. 또 노동자들은 오래도록 굳세게 싸웠을 뿐만 아니라 파업도 그 어느 때보다 많이 일으켰다. 파업 전술도 발전했고 노동자투쟁이 폭동으로 이어지는 일도 잦았다.

혁명적 농민조합운동은 혁명적 노동조합운동보다 더 많은 곳에서 활발하게 일어났다. 혁명적 농민조합 운동가들은 토지혁명과 노농소비에트 건설을 내세우면서 "토지는 밭갈이 하는 농민에게!" "노동자와 농민이 주인인 세상을 만들자!"는 구호를 내걸기도 했다. 이들은 빈농과 농업노동자를 조직하는 데 힘을 기울여 기존의 농민조합을 '전투적인 비합법 혁명적 농민조합'으로 다시 만들거나 농민조합이 없는 지역에는 새로운 혁명적 농민조합을 세우려고 했다.

혁명적 농민조합 운동가들은 소작료 인하뿐만 아니라 공과금 납부 거부, 군수용물자 강제수매 반대, 부역동원 반대운동 등을 하여 일제의 전시수탈에 맞섰다. 이들은 투쟁 과정에서 면사무소, 주재소, 경찰서 등을 습격하기도 했다. 또 야학, 독서회, 강연회, 노래활동 등 농민의 의식을 높이는 문화활동뿐 아니라 반전의 날, 노동절투쟁 같은 정치투쟁도 했다.

전쟁의 소용돌이
속에서

1930년대 후반 민족해방운동
세력은 움츠러든 모습을 보였다. 1930년대 전반기에 일어났던 혁명적

1930년 6월 신흥탄광 파업(왼쪽),
1930년 8월 평양고무공장 파업(오른쪽).
일제강점기에도 노동자들은 일어섰고
언론은 이 사실을 빼놓지 않고 보도했다.

생존권을 지키기 위한 투쟁.
『조선일보』 1931년 1월 1일자.

노동조합과 혁명적 농민조합 운동은 1930년대 후반에도 일부 지역에서 끈질기게 이어졌지만, 일제의 탄압으로 주춤해질 수밖에 없었다.

신간회 해소 뒤에 이렇다 할 조직활동을 하지 못했던 비타협적 민족주의자들은 민족개량주의에 맞서 '조선학 운동'을 했지만, '조선어학회 사건'을 끝으로 개별화하거나 은신했다. 이런 가운데 사회주의자들의 투쟁이 이어졌다. 1937~38년 함경남도 원산을 중심으로 혁명적 노동조합운동을 했던 이주하 등이 이끈 '원산그룹'은 여러 부문 운동을 아우르고 전국을 포괄하려고 했다. '이재유 그룹'에서 활동했던 이관술, 김삼룡, 이현상 등이 박헌영을 지도자로 받아들여 '경성콤그룹'을 결성했다. 이들은 1938년 12월부터 1941년 12월까지 경상남북도와 함경도 지방에서 활발하게 활동하면서 하부 단위에 노동자와 농민을 적잖게 참여시켰다. 일제가 전시동원체제를 가동하고 '방공방첩'과 '사상전'을 강화하는 '암흑의 시대'를 만들 때조차, 사회주의 진영은 비합법 조직을 유지하면서 새로운 방법으로 대중과 만날 공간을 찾았다. 이러한 사실을 놓고 일제는 "곳곳에 불량분자가 숨어 남몰래 활약하고, 코민테른 운동 방침인 인민전선전술에 따라 합법을 가장하여 대중 확보를 꾀하고 있다."고 판단했다.[8]

일제가 항복하기 1년 전인 1944년 8월에는 여운형이 중심이 되어 건국동맹을 만들었다. 건국동맹은 10개도에 책임자를 두어 지방조직을 갖추면서 반일세력을 모으려고 했다. 대중을 조직하는 데도 힘을 기울여 1944년 10월 경기도 용문산에서 농민동맹을 결성해 식량 공출, 군수물자 수송, 징용·징병을 방해하는 활동을 했다. 민족해방이 가까이 다가왔

박헌영과 여운형

수차례 투옥당하면서도 박헌영은
전향하지 않고 국내파 공산주의자로 활동했다.
암흑의 시대에 사회주의 진영은
비합법 조직을 유지하며 대중을 만날 공간을 찾았다.

다고 확신한 건국동맹은 나라 안팎의 민족해방운동 세력과 힘을 합치려 했다. 건국동맹은 철도 파괴와 국내 무장봉기를 준비하기 위해 공산주의자협의회와 함께 군사위원회를 만들어 연안의 독립동맹과도 연계하려고 했다. 이들의 활동은 해방 뒤 건국준비위원회를 세우는 밑거름이 되었다. 전쟁의 소용돌이 속에서도 노동자 파업이 이어졌다. 전쟁 동안에도 연평균 107건, 6000명 남짓한 노동자가 파업에 참여했다. 노동자들은 태업, 결근, 공사 방해 등을 했다. 일제가 징병과 징용으로 노동력을 강제동원·수탈하는 정책을 펴자, 수많은 노동자가 도망가는 등 비록 소극적이기는 했지만 일제의 정책을 방해하는 일을 멈추지 않았다.

농민은 일본인 농장을 중심으로 소작쟁의를 일으키고 강제공출, 노동력 강제동원, 군수작물 재배 강요, 강제징발 등의 전시수탈 정책에 맞섰다. 농민은 공출에 반발하여 곡물을 숨기거나 모아둔 농산물에 불을 지르기도 했다. 공출을 둘러싸고 마을마다 농민과 면서기, 경찰 사이의 충돌이 잦았다. 일제가 "실로 우려할 만한 일이 벌어지고 있다."고 할 만큼, 농민의 생존권투쟁은 드세었다.

그밖에도 비록 소극적이기는 하지만 일제의 전시체제 정책에 반발하는 크고 작은 저항이 곳곳에서 일어났다. 징용·징병 대상자는 집을 떠나거나 호적과 나이를 고쳐 징발되지 않으려 했다. 마지못해 전선으로 끌려간 조선 청년 가운데 일부는 도망쳐 항일무장 세력에 가담하기도 했다. 일본에 강제로 끌려간 조선노동자도 파업투쟁, 태업, 시위 등을 하거나 도망쳤다. 조선인들은 학교, 시장, 관공서, 교회 등 사람이 모이는 곳이면 어디서든 일제의 선전이 거짓이며, 일제가 전쟁에서 패망할 것

이라고 말했다. 일제는 이들에게 '유언비어' '불온언사' '반시국적 악질
언동'과 같은 온갖 죄를 씌워 처벌하기에 바빴다.

그들이 설계한
새 세상

　　　　　　　　　　늑대를 몰아내니 호랑이가 온
다던가. 아니면 구관이 명관이라 했던가. 일제가 물러난 다음에 더 나쁜
집단이 나라를 다스리면 어찌할 것인가. 그 꼴 나지 않으려면 일제가 물
러난 다음에 어떤 나라를 세워야 할지 미리 설계해두지 않으면 안 된다.
사회주의자들은 그렇게 생각했다. 사회주의자들의 국가건설론은 미래
에 대한 헛된 꿈이 아니라, 현실을 변혁하는 주체와 방법, 또는 조직론
과 긴밀하게 연관된 것이었다. 그 설계도는 어렵다면 어렵고 쉽다면 쉽
다. 그들의 논리는 매우 간단하다. 몇몇 이름 있는 사람이나 의기가 넘치
는 개인의 힘만으로는 독립할 수 없다. 역사의 주체는 민중이다. 그 민중
이 힘을 합쳐 일제에 맞서야만 민족해방을 이룰 수 있다. 민족해방을 이
룬 뒤에는 자본가도 지식인도 아닌 민중이 권력을 잡아야 한다. 일제에
빌붙은 친일파와 민족반역자는 권력 근처에 얼씬거리지 못하게 해야 한
다. 딱 이것이다. 그러나 새로운 국가를 꼼꼼하게 설계하는 일은 그렇게
간단하지만은 않다. 정세와 국면에 따라 설계도는 달라져야 했다. 각 계
급이 변혁운동에서 차지하는 역할이 달라지기 때문이다. 이제 그 내용
을 조금만 더 가까이 들여다보자.

사회주의자라면 누구나 "각자의 자유로운 발전이 모두의 자유로운 발전의 조건이 되는 연합체"를 건설하는 것을 궁극의 목표로 삼는다.[9] 식민지 시대의 조선 사회주의자들도 언젠가는 이 같은 사회를 이 땅에 건설해야 한다고 보았다. 그러나 그들은 당면 혁명의 목표와 성격을 여러 가지로 설정하고 있었다. 조선 사회주의자들이 '순수한' 사회주의혁명론을 내걸지 않고, 때에 따라 여러 혁명론을 내걸었던 것은 그들 나름대로 계급관계와 주·객관 정세를 고려했기 때문이었다. 또 이들의 혁명론은 코민테른(제3 인터내셔널)의 식민지·반식민지 혁명론과 깊은 관계가 있었다.

1920년대 초 사회주의자들은 국가건설론으로 소비에트를 내세웠다. 그 무렵 사회주의자들은 소비에트를 어떻게 이해하고 있었는가. 소비에트란 "생산수단을 노동자들이 장악하고 유산계급에게서 모든 권력을 탈취하여 그동안 압박받아온 대중과 그 조직이 지배 기관이 되는 무산자의 민주주의"였다. 그러나 초기 조선 사회주의자들의 '이상국가론'이었던 소비에트는 실천적인 문제의식에서 나온 것이 아니었다. 그저 이론으로 이해하는 정도였으며, 그나마 수준이 낮았다. 차츰 조선 사회주의자들은 소비에트 노선이 너무 시대를 앞지른 것이라고 판단했다.

1920년대 중반 무렵이 되면, 조선 사회주의자들은 소비에트 노선을 벗어나게 된다. 이때 그들은 소비에트 대신에 인민공화국을 제시했다. 이 인민공화국은 노동자와 농민을 비롯한 사회주의 세력이 '민족주의 좌파'와 연합한 정부를 뜻했다. 그들은 인민공화국에서 노동자와 농민의 권력이 더 커진 정부를 혁명적 인민공화국이라고 이름 지었다.

세계 대공황이 닥치자 사회주의자들은 국가건설론을 다시 바꾸었다. 그들은 혁명적 정세가 왔다고 판단했다. 이제 인민공화국 같은 계급연합정부가 아니라 '노동자·농민의 혁명적 민주독재'를 이룩해야 한다고 주장했다. 말이 아주 어렵다. 노동자와 농민이 주체가 된 것은 알겠는데, 민주면 민주고 독재면 독재지 '민주독재'는 또 무엇인가. '노동자·농민의 혁명적 민주독재'란 본디 1905년 무렵 레닌이 구상했던 국가 설계도였다. 노동자와 농민은 민주를 누리지만 혁명정부를 뒤엎으려고 하는 예전의 압제자에게는 독재를 한다는 뜻에서 '민주독재'라고 했다고 이해하면 크게 틀리지 않겠다.

세계 사회주의운동의 방향을 결정하는 코민테른에서 1930년대 중반부터 반파시즘 인민전선을 내걸었다. 반파시즘 인민전선이란 독일·이탈리아·일본의 파시즘에 맞서 싸우려는 모든 세력과 동맹을 맺어야 한다는 것이다. 인민전선론에 따르면, '계급'보다는 '연합'을 더 중요하게 여겨서 일제에 반대하는 모든 세력이 힘을 모아야 했다. 조선 사회주의자들도 여기에 영향을 받았다. 그러나 사회주의자들은 국내에서 반파시즘 인민전선을 실천하기 어려웠다. 일제가 잇달아 침략전쟁을 일으키던 엄혹한 비합법 상황에서 사회주의자들과 연대할 세력을 찾을 수 없었기 때문이다.

나도 사회주의자들의 혁명론 또는 국가건설론이 참 어렵다. 민주와 평등을 누리고 인간답게 살기가 그만큼 어려워서일까. 아니면 낡은 세상이 그만큼 견고해서일까. 자본주의가 작동하는 방식을 꿰고 있어야만 그 대항논리인 사회주의 혁명론을 잘 이해할 수 있다. 아직 사회주의 혁명론이 어렵다면, 그만큼 자본주의의 실체를 잘 모르고 있다는 뜻이기도 하다.

그들이 남긴 것,
새로운 옛이야기

사회주의 사상과 운동은 이 땅에 어떤 영향을 미쳤는가. 첫째, 사회주의는 하나의 지각변동이라고 부를 만큼, 넓게는 사상계 좁게는 지식인 사회에 큰 변화를 불러일으켰다. 좋든 싫든 마르크스주의는 역사와 사회를 사유하는 새로운 방법을 제시했다. 한국전쟁 뒤에 반공 이데올로기만이 발언권을 가졌던 때에 견주면 식민지 시대의 사상계는 풍요로웠다. 사회주의 사상은 여성해방의 논리를 제공했고 문학과 예술 그밖의 모든 방면에서 강한 영향을 미쳤다. 사회주의자들은 문화관 전환에도 영향을 미쳤다. 1920년대에 '문화'에 먼저 주목하고 문화주의를 제창한 것은 우파 민족주의 진영이다. 이들이 차지한 '문화'는 민족해방투쟁을 회피하기 위한 것, 그야말로 '개량'으로 가는 길이었다. 사회주의자들이 말하는 '문화'는 그와 달랐다. 처음부터 조선 사회주의자들은 '민중문화의 새로운 건설'을 의식하고 있었다.[10]

둘째, 사회주의운동은 식민지 조선이 세계사의 흐름에 동참하고 있었음을 보여준다. 사회주의자들은 1925~28년까지 조선공산당을 조직했고, 1930년대에는 쉼 없이 당재건운동을 했다. 이러한 '노동자 정치세력

여성해방을 위하여. 1923년 『개벽』 32호.

사회주의 사상은 여성해방의 논리를 제공했다.
여성이 남성의 노예처럼 일하는 현실을 보여주는 것,
그리고 여성과 남성이 동등함을
알려주는 것부터가 시작이었다.

화' 움직임은 이 땅의 역사가 세계사와 어깨를 나란히 하고 있음을 보여주는 중요한 지표가 된다.

셋째, 식민지 시대 사회주의는 민중운동을 조직하는 데 크게 이바지했다. 이른바 '반란'이라고 부르는 민중운동은 역사에서 그치지 않았다. 그러나 사회주의가 보급되면서 예전의 민중운동과는 다르게 노동·농민·학생·여성운동 등이 더욱 조직적이고 체계적인 모습을 띠면서 하나의 부문 운동으로 자리 잡았다.

그렇지만 사회주의자들에게 오류와 한계가 있음도 인정해야 한다. 때때로 사회주의자들은 역사 상황을 그릇되게 이해하거나, 대중의 잠재력을 지나치게 높게 평가하기도 했다. 사회주의자들은 그들 사이의 '분파'를 청산하려고 온 힘을 기울였지만, 연대와 통일은 늘 숙제로 남아 있었다. 다른 나라 사회주의자와 마찬가지로, 조선 사회주의자들은 코민테른 권위에 의지하려는 '코민테른 권위주의'에 빠지기도 했다. 사상과 운동이 결합하는 과정에서 생겨나는 갖가지 어려움과 모순을 극복하지 못하기도 했다. 하기야 이런 식으로 그들을 비판하다보면, 오늘날 우리도 되돌아보게 된다. 지금 우리는 잘하고 있는가.

식민지 시대 사회주의운동을 깎아내리거나 일부러 왜곡하는 일이 흔하다. 식민지 시대 사회주의자들에게 '빨갱이'라는 인종적 표상까지 들씌우는 반공의 논리는 '독립운동사' 차원에서라도 올바르지 않다. 사회주의운동사에 대한 오해와 편견의 사례를 들겠다. 첫째, 조선의 사회주의자가 코민테른과 소련의 지령을 받아 그대로 움직이는 꼭두각시였다는 지적이다. 그 어느 나라 사회주의운동사든 코민테른의 영향을 크게 받은 것은 사실이다. 그러나 식민지 조선의 사회주의자들은 실천과정에서 이 땅의 현실에 맞게 운동의 방향을 잡아가기도 했다. 일제의 억압에서 벗어나 식민지 민중을 해방하려고 했던 그들의 열정을 그 시대 그 맥락 속에서 다시 읽어내야 한다.

둘째, 사회주의자가 '계급이기주의'에 빠져 민족 문제를 제쳐두었다는 편견이 있다. "사회주의운동이냐, 그렇지 않으면 민족주의운동이냐 하는 표어가 운동 진영을 정돈하는 중심 기호"였던 1920년대 초, 사회주의자들은 '계급적 편향'을 보이기도 했다. 민족주의에서 벗어나기 위한 하나의 몸부림이었을 것이다. 그러나 그때마저도 사회주의 진영에서는 "타협적 민족운동은 배척하지만, 혁명적 민족운동은 찬성한다."라고 했다. 식민지 조선에서 민족 문제를 제쳐두고 대중을 획득하려고 생각하는 사회주의자가 있었을까 싶다. 사회주의자야말로 민족 문제를 감성 차원이 아닌, 현실 위에서 냉철하게 분석하려 했던 사람들이었다. 다만 사회주의자들은 민족해방운동에서 어느 계급이 주도세력이 되어 누구와 어떻게 연대할 것인가 하는 것을 정세에 따라 달리 판단했을 따름이다.

셋째, 북한에서는 국내 사회주의자들을 '종파분자'라고 재단한다. 사회주의 진영 안에 화요파, 서울파, 엠엘파 등 여러 '분파'가 있었던 것은 사실이다. 그러나 '전략과 전술'에서 서로 차이가 있어서 따로 했던 것이지 무턱대고 편 가르기를 하는 '종파'는 아니었다. 또 그 '분파'는 일제에 맞서 서로 공동투쟁을 모색한 일도 많다. 북한의 역사인식은 국내 사회주의운동을 깎아내려 '김일성 항일무장투쟁'을 돋보이게 하려는 뜻이 담겨 있음을 알아야 한다. "오직 하나의 역사, 다른 해석을 가로막고, 여러 목소리를 잠재우는 역사", 그것이 바로 독재사회의 징표임을 북한이 명확하게 보여준다.

역사는 웅성거린다. 말하지 못했던 수많은 사람의 목소리를 전달하고, 지금 이 땅의 억눌린 사람에게 희망을 보여주는 것, 그리고 새로운 상상력을 부추기는 것, 그것이 역사학의 임무라는 것을 나는 믿는다.

7

친일청산을
하지 못한 대가

이준식

근현대사기념관 관장. 연세대학교 사회학과에서 박사학위를 받았다. 주요 저서로 『농촌사회 변동과 농민운동』 『조선공산당 성립과 활동』 『일제강점기 사회와 문화』 『민족의 독립과 통합에 바친 삶 김규식』 『식민지시기 검열과 한국문화』(공저) 『일제 파시즘 지배 정책과 민중생활』(공저) 등이 있고, 주요 논문으로 「국가기구에 의한 친일청산의 역사적 의미」 「민족해방운동의 유산과 민주화운동」 「대한민국임시정부와 여성 독립운동」 등이 있다.

일제로부터 해방된 지 70년이 넘는 오늘날까지 식민지배는 과거완료형이 아니라 현재진행형이다. 해방 이후 70년이 넘도록 식민지배의 유산을 완전히 청산하는 데 성공하지 못해 지금도 일제 잔재와 친일의 유령이 대한민국을 횡행하고 있기 때문이다.

식민지배에 맞서 민족해방을 위해 싸운 사람은 많았다. 그러나 우리 민족 모두가 해방을 원했던 것은 아니다. 일부는 사리사욕을 위해 또는 소신을 갖고 나라와 민족을 일제에 팔아넘기는 데 앞장섰고 식민지배와 침략전쟁에도 적극 협력했다. 우리는 이들을 친일파 또는 친일반민족행위자라고 부른다. 친일은 일제에 나라를 팔아먹고 민족을 배반한 행위, 일제의 식민지배에 적극 협력한 행위, 그리고 더 나아가서는 일제가 일으킨 침략전쟁에 적극 협력한 반인도적 전쟁범죄를 모두 아울러 가리키는 것이다.

2009년 시민단체인 민족문제연구소에서 『친일인명사전』을 펴냈다. 이어 친일반민족행위진상규명위원회(이하 반민규명위)와 친일반민족행위자재산조사위원회(이하 친일재산조사위)라는 두 국가기구가 각각 2009년과 2010년에 국가 차원에서의 뒤늦은 친일청산을 마무리했다. 해방된 지 60년도 더 지나서 시민단체나 국가기구가 친일청산 활동을 벌이고 거기에 많은 사람이 관심을 갖는 것은 정상적인 일이 아니다. 그런데도 그러한 현상이 나타날 수밖에 없는 것이 우리의 현실이다. 이는 역설적으로 친일청산이라는 정의가 해방 이후 제대로 실현된 적이 없을 뿐만 아니라 지금도 그러한 정의의 실현을 반대하고 방해하려는 움직임이 한국사회 일각에서 살아 움직이고 있음을 반증하는 것이기도 하다.

친일청산이 제때 되지 못하고 지체된 데는 다 이유가 있었다. 해방 직후에서 정부 수립으로 이어지는 시기에 친일청산 움직임이 없었던 것은 아니다. 그러나 이때의 친일청산은 실패로 끝났다. 이승만 정권의 방해 때문이었다. 대한민국 정부가 수립된 뒤 바로 그 정부에 의해 친일청산을 물거품으로 만드는 사태가 일어난 것이다. 그 결과 길게는 100년 전의 일, 짧게 잡아도 70년 전의 일인데 오늘도 우리는 친일청산 문제에 직면해 있다.

예를 들어 박근혜 정권은 2013년 식민지배와 친일파를 미화하는 교학사 고등학교 한국사 교과서를 검정에서 통과시킨 것도 모자라 준국정교과서로 밀어붙이려고 했다. 그러자 친일미화 교과서에 대한 반대운동이 거세게 일어났다. 그 결과 교학사 교과서의 채택률은 0퍼센트대에 머물렀다. 그러나 박근혜 정권은 여기서 물러서지 않았다. 역사교과서

『친일인명사전』 발간

민족문제연구소가 『친일인명사전』을
내겠다는 계획을 세우면서
시민사회 차원의 친일청산 작업이 본격화되었다.
『친일인명사전』은 계획을 세운 지
15년 만인 2009년 발간됐다.

의 국정화라는 시대에 뒤떨어진 방식으로 자신들의 친일미화 역사인식을 끝내 관철시키려고 한 것이다.

2014년에는 식민사관에 절어 있는 문창극을 국무총리 후보로 지명한 데 이어 친일파인 이명세의 손녀여서 그랬는지 문창극을 적극적으로 두둔한 이인호[1]를 공영방송 한국방송공사(KBS) 이사장으로 임명했다. 그러자 이인호는 독립운동을 부정하고 친일파를 미화하려는 대통령과 보수세력의 기대에 보답이라도 하듯이 한국방송공사 사장이라는 직함을 앞세워 역사왜곡 망언을 계속 늘어놓고 있다.

대표적인 보기가 2014년 한국방송공사에 대한 국정감사에서 "김구 선생은 1948년 대한민국이 독립(정부 수립―필자)하는 데 대해서는 반대하셨기 때문에 대한민국(건국의―필자) 공로자로서 거론하는 건 맞지 않다."[2]라는 망언을 한 것이다. 이인호가 폄훼하려는 대상은 김구에 국한되지 않는다. 이인호식으로 본다면 김규식, 여운형, 조소앙 등 분단정부 수립에 반대한 독립운동가들은 졸지에 모두 반국가사범이 되고 만다. 이인호의 속내는 결국 독립운동 자체를 대한민국과 무관한 것으로 폄훼하려는 데 있다.

그런가 하면 할아버지 때문인지 친일파를 옹호하는 데는 적극적이다. "조부(이명세―인용자)는 유학의 세를 늘려가기 위해 일제통치체제하에서 타협하면서 사신 것이다 (…) 친일을 단죄하면 일제시대 중산층은 다 친일파다."라는 망언은 해방 이후 친일파가 들고 나온 적이 있던 케케묵은 변명, '전 민족 공범론'을 그대로 되풀이한 것이다. 여기서 한 걸음 더 나아가 이인호는 친일청산이 소련의 지령에 의한 것이었다고 주장하기도 했다. 친일청산 자체를 '빨갱이'의 대한민국 전복 음모로 연결시키는 극우적 시각마저 서슴지 않은 것이다. 물론 독립운동의 역사와 친일의 역사를 뒤집어엎으려는 역사쿠데타에서 완장부대 역할을 하는 것은 이인호만이 아니다. 이른바 뉴라이트라는 어용 지식인들이 어떤 형태로든 역사쿠데타의 일익을 담당하고 있다.

이들은 1945년 8월 15일의 광복을 역사에서 지워버리고 그 자리에 1948년 8월 15일의 정부 수립을 '건국'으로 끼워넣으려고 한다. '건국' 이전에 친일을 했더라도 반공과 시장경제의 발전에 이바지했다면 애국자로 인정된다. 이들에게 친일은 더이상 부끄러운 일이 아니다. 오히려 친일을 통해 이 나라가 이만큼이라도 발전하게 되었으니 자랑스러운 일이 된다. 극단적으로는 친일파야말로 진정한 민족주의자이고 독립운동가 가운데는 사악한 민족주의자도 있었다는 식이다.[3]

최근에는 집권여당인 새누리당 의원들도 대놓고 대한민국은 독립운동과 무관하다는 망언에 동참하고 있다. 물론 독립운동을 부정하고 폄훼하는 데는 다 이유가 있다. 독립운동의 자리에 친일을 집어넣으려는 것이다. 독립운동 중심으로 되어 있는 한국 근대사 인식을 친일파 중심으로 바꾸자는 것이야말로 역사쿠데타의 핵심을 이룬다. 하기야 박근혜 대통령 자체가 친일군인 박정희의 딸이니 최근 친일을 치켜세우는 세력의 뿌리가 어디에 있는지를 충분히 짐작할 수 있다.

반민특위 이후
금기가 된 친일청산

1987년 6월 민주화운동의 결실로 개정된 현행 대한민국 헌법 전문에는 "대한민국 임시정부의 법통"이라는 구절이 나온다. 오늘의 대한민국은 대한민국 임시정부(이하 임시정부)로 상징되는 독립운동을 이어받았다는 것이다. '법통'이 단지 수사적인 표현에 그치는 것이 아니라면 대한민국은 임시정부를 비롯한 독립운동 세력이 표방했던 것을 존중해야 한다.

임시정부는 1919년 출범할 때부터 친일청산을 확고한 방침으로 정했다. 대표적인 것이 임시정부가 1920년 초에 발표한 칠가살七可殺이다.[4] 임시정부에서 죽여 마땅하다고 규정한 일곱 부류에는 '매국적, 밀고자, 고등경찰 또는 형사, 친일부호, 일제 관리, 변절자' 곧 친일파가 포함되어 있었다.

임시정부는 해방이 가시화되기 시작한 1941년부터는 친일청산을 신국가 건설운동의 한 고리로 인식하는 모습도 보였다. 1941년에 공표한 '건국강령'을 통해 "적에게 부화한 자와 독립운동을 방해한 자"는 선거권·피선거권을 박탈한다고 규정한 것이 대표적인 예이다. 이어 일본이 항복을 선언한 직후인 1945년 9월 초에는 국내외 동포들에게 독립운동을 방해한 자와 매국적을 비롯한 부일협력자는 신국가 건설에 동참시키지 않고 엄중하게 처벌하겠다는 원칙을 다시 밝혔다.

물론 임시정부만 친일청산을 주장한 것은 아니다. 최근 영화 「암살」과 「밀정」으로 사람들의 관심을 끌고 있는 의열단도 임시정부처럼 칠가

살을 정했는데 그 가운데 '매국적, 친일파 거두, 적의 밀정, 반민족적 악덕 지주'는 모두 친일파를 가리킨다.

해방 이후에도 임시정부 등 독립운동 세력은 친일청산이야말로 신국가 건설의 필수적인 요소라는 생각을 갖고 있었다. 예외가 있다면 반공주의를 표방하면서 정권 장악을 노리던 이승만과 그 추종세력이었다. 국내에 이렇다 할 기반이 없던 이승만은 권력욕 때문에 친일파와 손을 잡는 길을 택했다. 그러면서 이승만과 친일파의 밀월시대가 열렸다.

미군정에 의해 1946년 말에 설치된 남조선과도입법의원은 1947년 친일파를 처벌하는 법안의 입법화를 시도하면서 법안의 적용대상을 부일협력자 10만 명 내지 20만 명, 민족반역자 1000명 내외, 전범자 200~300명으로 추산한 적이 있다. 해방 직후만 하더라도 남한에서 10만 명 내지 20만 명 정도의 친일파에 대해 사법적 처벌을 고려했다는 것은 그만큼 식민지배의 인적 유산 청산 문제가 새로운 민족국가를 건설하는 데 필수적인 선결과제로 여겨지고 있었음을 반증한다.

그러나 당시 남한에 절대적인 영향력을 행사하던 미국의 생각은 달랐다. 미국은 친일청산에 반대했다. 아니 남한을 통치하는 데 친일파를 적극적으로 활용하려고 했다. 미국은 제2차 세계대전 이후 소련에 맞서 반공의 교두보를 마련하는 것을 동아시아 정책의 핵심으로 여기고 있었다. 이와 관련해 동아시아에서 가장 중시한 것이 일본이었고 그 다음이 한국이었다. 일본과 한국을 반공의 교두보로 만들기 위해서라면 일본의 전범이건 한국의 친일파건 활용하겠다는 것이 미국의 입장이었다. 이와 관련해 미국은 이민족의 식민지배에 적극 협력하고 더 나아가 일본 천황을 위해 자기 민족의 목숨을 바치라고 외친 친일파의 충성심을 높게 평가했다.

미군정 시기에 조선총독부의 관리, 경찰, 사법관료가 그대로 미군정의 관리, 경찰, 사법관료가 되었다. 심지어는 군도 친일군인 출신이 장악했다. 사회 어느 분야를 막론하고 친일파를 대신해 독립운동 세력 아니면 적어도 친일을 하지 않은 양심세력이 주도권을 행사할 수 없는 상황이 전개된 데는 미군정의 역할이 결정적이었다.

해방 이후 한동안 친일청산에 대한 열망이 높았지만 현실적으로 권력을 장악한 미군정과 이승만 세력이 자신들의 정치적 이해관계에 따라 친일파를 적극 비호함으로써 친일청산의 기회를 날려버린 것이다. 미군정에 의해 수립된 남조선과도입법의원이 1947년에 친일파를 처벌하기 위한 '민족반역자 부일협력자 간상배에 대한 특별법률 조례'를 만들었지만 끝내 미군정이 인준을 거부함으로써 사문화시킨 것이야말로 당시 친일청산을 둘러싼 우리 민족의 열망과 미국의 입장 사이에 큰 괴리가 있었음을 잘 보여준다.

여기에 친일파와 이승만 세력이 밀착해 5·10총선거와 그에 따른 제헌국회 구성, 그리고 대한민국 정부 수립에 이르는 일련의 과정을 주도하게 되었다. 그 결과 1948년 8월 정부 수립 이후에도 친일파가 대거 중용되었다.

그렇지만 제헌국회가 구성되자마자 친일청산이 다시 현안으로 떠올랐다. 그리하여 제헌헌법에는 "이 헌법을 제정한 국회는 단기 4278년 8월 15일 이전의 악질적인 반민족행위를 처벌하는 특별법을 제정할 수 있다."는 부칙조항이 들어갈 수 있었다. 그리고 이 조항을 바탕으로 정부 수립 직후인 1948년 9월 반민족행위처벌법(이하 반민법)이 제정되었고 같은 해 10월에는 친일파에 대한 사법적 처리를 담당하는 반민족행위처벌특별위원회(이하 반민특위)가 출범했다. 당시 국회 원내구성은 친일청산에 반대하는 이승만 세력과 한민당이 다수를 차지하고 있었다. 산술적으로는 불가능했던 반민법이 제정될 수 있었던 데는 신국가 건설에 반드시 친일청산이 수반되어야 한다는 사회적 분위기가 크게 작용했다.[5]

그러나 결과적으로 반민특위를 통한 친일청산은 실패로 끝났다. 반민특위는 10개월 남짓의 활동 기간에 688명을 조사한 뒤 293명을 기소했다. 다시 이 가운데 반민특위 특별재판부가 해체되기 전에 판결을 받은 자는 78명뿐이었다. 여전히 친일세력이 득세하고 있는 상황에서 반민특위 주도세력은 소수에 불과했고 반대세력을 제압할 만한 힘을 갖지 못했다. 그러나 무엇보다도 기대 이하의 결과가 나온 데는 친일파 본인들은 물론이고 이승만 정권까지 나서 반민특위의 활동을 방해한 것이 결정적인 영향을 미쳤다.

반민법이 제정되고 반민특위가 친일청산 활동을 벌이는 과정에서 친일파와 그 비호세력에 의한 친일청산 반대 움직임도 거세졌다. 지금의 친일청산 반대논리가 당시에 이미 거의 같은 모습으로 제기되고 있었다. 전 민족 공범론(전 민족 친일론), 친일 불가피론, 친일청산=사회혼란론, 친일청산 주장 세력=찬탁세력·좌익세력론 등이 바로 그것이다. 이 가운데 핵심은 친일청산을 주장하는 세력은 북한의 사주를 받은 '빨갱

반민특위를 통한 친일청산은
이승만 정권의 방해로 실패하고 말았다.
친일파들이 장악한 한국사회에서
친일청산은 기약 없이 뒤로 미뤄졌다.

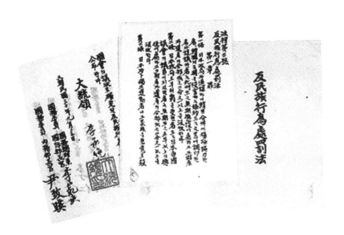

반민법

이'라는 반공주의 논리였다. 그리고 이러한 왜곡된 논리를 유포시킨 주역은 이승만 정권이었다. 정권 차원의 조직적인 방해의 최종귀결이 바로 반민특위 해체였다.

이승만 정권은 반민법이 제정될 때부터 반공을 위해서는 친일을 문제시할 수 없다는 입장에서 시종일관 친일청산에 반대했다. 이승만 대통령이 직접 반민법과 반민특위의 활동을 부정하는 담화문을 발표한 것도 여러 차례였다. 나중에는 아예 반민특위 대신에 대통령과 정부가 친일청산을 해야 한다는 내용의 반민법 개정안을 국회에 제출했고 친일경찰을 앞세워 반민특위 간부에 대한 암살을 시도하기도 했다. 이러한 시도가 모두 실패로 끝나자 반민특위가 노덕술을 체포한 것을 빌미로 무장경찰을 동원해 반민특위를 사실상 강제해산시켰다.

그리고 한국전쟁의 와중에 최종적으로 반민법이 폐지되었다. 친일파를 처벌할 수 있는 법적 근거 자체가 없어져버린 것이다. 반민법 폐지와 함께 기왕에 유죄판결을 받은 극소수의 반민족행위자에 대한 처벌 자체도 무효화되었다. 이로써 반민특위를 통한 친일청산은 역사 속에 묻혀버리고 말았다.

분단체제의 독재정권 아래
왜곡된 친일의 역사

한반도를 둘러싼 냉전과 이에 따른 좌우갈등 때문에 민족의 여망인 친일청산이 실패로 끝나면서 친일파는 다시 기득권층으로 부상했다. 이승만 정권과 박정희 정권을 거치면서 친일세력은 정치, 사법, 군, 경찰, 문화, 예술, 교육, 학술, 종교, 경제 등의 모든 분야를 장악했다. 친일세력의 헤게모니는 확고했다.

이제 구체적인 보기로 대통령을 들어보자. 대한민국의 역대 대통령 명단을 놓고 보면 친일과 깊이 관련된 경우가 상당수라는 사실을 쉽게 확인할 수 있다.

초대 대통령 이승만은 친일파가 아니었다. 그렇지만 친일파를 대거 중용했고 반민특위를 와해시킴으로써 결과적으로는 친일파가 대한민국의 기득권 세력으로 살아남는 데 결정적인 역할을 했다. 특히 이승만이 장기집권을 꿈꾸기 시작하면서부터는 더 노골적으로 친일파를 중용했다. 이승만 정권 초기만 해도 많지는 않지만 이시영, 이범석 등 독립운동가들을 정권의 한 축으로 삼으려고 한 데 비해 1954년 총선거 이후부터는 친일파만을 중용했다. 그 결과 1960년 초 국무위원 11명 가운데 독립운동가 출신은 아예 없었고 일제강점기에 금융계에서 일하던 사람이 2명, 의료업에 종사하던 사람이 2명, 그리고 보험회사에 근무하던 1명을 제외하고 나머지는 모두 일제강점기 군수·판사·군 출신이었다. 차관인 정무위원 12명 가운데도 독립운동가 출신은 없었고 경력이 확인되지 않는 1명을 제외한 나머지는 군수, 검사, 경부, 국책회사 간부 등으로 일제의 통치기구에 봉직하고 있었다. 이러한 상황은 이승만을 위한 집권당인 자유당이라고 크게 다르지 않았다. 결국 이승만 정권의 핵심은 친일파로 채워져 있었던 것이다.

두 번째 대통령 윤보선도 본인은 친일행위와 무관하다. 그러나 그는 대표적인 친일가문 출신이다. 일제강점 말기의 대표적인 친일파로는 꼽히는 윤치호는 아산 해평 윤씨 집안의 장손이며 반민규명위에서 중대한 친일반민족행위를 했다고 결정한 1006명의 친일파 가운데 4명(윤웅렬, 윤치호, 윤치오, 윤치소)이 이 집안 출신이다. 『친일인명사전』에 올라 있는 윤치영, 윤명선도 이 집안 출신이다. 여기에 윤명선의 장인 김갑순(중추원 참의 출신), 윤치오의 장인 김윤정(중추원 참의 출신), 윤치영의 사돈 김성수 등의 인척까지 합하면 숫자는 더 늘어난다. 윤보선은 중추원 참의를 지낸 윤치소의 아들이다. 대표적인 친일가문 출신도 대통령이 될 수 있었다는 사실은 친일청산 실패의 역사를 상징적으로 보여준다.

세 번째 대통령 박정희는 만주국의 신징新京군관학교와 일본 육군사관학교를 졸업한 친일군인 출신이다. 그래서 『친일인명사전』에도 올라 있다. 박정희는 원래 나이가 많아서 군관학교에 입학할 수 없었는데 "한 명의 만주국군으로서 만주국을 위해, 나아가 조국(일본—필자)을 위해 어떠한 일신의 영달을 바라지 않겠습니다. 멸사봉공, 견마犬馬의 충성을 다할 결심입니다."[6]라는 혈서를 써서 예외적으로 입학할 수 있었다는 사실이 최근 밝혀졌다. 박정희 정권 초기에는 만주인맥이라고 하는 만주 출신 친일파가 큰 역할을 했다. 1964~70년까지 국무총리를 지내면서 박정희 정권의 2인자 노릇을 하던 정일권도 만주국의 펑톈奉天군관학교와 일본 육군사관학교를 졸업한 만주군 헌병장교 출신이었다.

네 번째 대통령 최규하도 친일의 혐의에서 자유롭지 않다. 원래 도쿄東京고등사범학교를 졸업한 뒤 대구공립중학교에서 교사로 재직하면서 영어를 가르치던 최규하는 어느 날 갑자기 대구를 떠나 만주로 갔다. 그리고 만주에서 대동학원에 들어갔다. 대동학원은 만주국의 고위관료를 기르기 위해 설립된 국립교육기관이었다. 이 학교를 졸업하면 바로 만주국의 고등관이 될 수 있었다. 최규하가 1943년 대동학원을 졸업한 뒤의 행적은 알려져 있지 않다. 만주국 관료가 되었을 것으로 보이지만 이를 입증할 증거자료가 없기 때문에 논란 끝에 『친일인명사전』에는 오르지 않았다.

이승만에서 최규하에 이르기까지 30년 이상의 시간을 친일과 연관된 대통령이 최고권력자였으니 다른 분야는 더 말할 것도 없다. 대한민국의 역대 대법원장을 보면 2대 조용순부터 6대 민복기까지 모두 친일판사·검사 출신으로 『친일인명사전』에도 수록되었다. 군도 사정은 마찬가지다. 초창기 육군참모총장의 명단을 보면 모두 친일군인 출신이다. 일본군 대좌 출신 이응준이 초대, 일본군 중좌 출신 신태영이 2대, 일본군 소좌 출신 채병덕이 2대와 4대, 만주군 헌병대위 출신 정일권이 5대와 8대, 일본군 소좌 출신 이종찬이 6대, 만주군 중위 출신 백선엽이 7대와 10대, 일본군 소좌 출신 이형근이 9대 육군참모총장이었다. 초대 공군참모총장도 일본군 항공장교(대위) 출신 김정렬이었다. 일본군과 만주군 출신이 육군을 완전히 장악한 것이다. 경찰도 '친일고문경찰의 대명사'라고 불리는 노덕술이 서울의 치안을 책임지는 수도경찰청의 2인자인 수사과장이 된 데서도 알 수 있듯이 친일경찰 출신이 장악했다.

친일파는 독재권력을 떠받치는 핵심이었다. 친일파에게는 권력에의 충성과 맹종이 이미 내면화되어 있었다. 해방 이후 충성의 대상이 천황에서 독재권력으로 바뀌었을 뿐이다. 권력을 가진 자에게 복종하는 것만이 기득권을 창출하고 유지하는 데 무엇보다 중요하다는 것을 친일파는 누구보다도 잘 알고 있었다. 친일파는 미군정이 시작되자 미군정에 편승했고 정부 수립 이후에는 기꺼이 이승만 정권의 하수인이 되었다. 5·16군사쿠데타로 군사정권이 등장하자 이들은 이승만에 대한 충성을 박정희에 대한 충성으로 바꾸어 다시 살길을 찾았다.

친일파가 반공 이데올로기를 들고 나와 반공국가 대한민국의 건국 공로자라고 큰소리치는 상황에서 친일청산은 어려웠다. 친일청산의 실패는 단지 민족정기를 훼손하는 데 그치지 않고 민주주의에도 심각한 위협이 되었다. 정부가 수립된 뒤 만성화된 부정과 부패의 뒤에는 친일파가 자리를 잡고 있었다. 독재정권의 기반은 친일파 출신의 관료·경찰·군인·재벌·지식인이었다.

친일은 금단의 역사가 되었다. 일제강점기를 살았던 사람이면 누구나 아는 친일의 문제를 아무도 거론해서는 안 된다는 묵계가 수십 년 동안 망령처럼 떠돌았다. 아니 친일 문제를 호도해 친일파가 나라와 민족을 위해 큰일을 했다는 식의 잘못된 기억을 만들려는 일이 비일비재하게 벌어졌다.

대표적인 예가 최근 몇 년 사이에 국방부에 의해 추진된 친일군인 백선엽 영웅 만들기다. 반민규명위는 백선엽에 대해 "항일무장 세력에 대한 탄압활동과 일제의 침략전쟁에 협력"했다는 이유로 친일반민족행위자로 결정했다.[7] 그런데 국방부는 반민규명위의 결정을 비웃기라도 하듯이 2010년부터 백선엽을 한국전쟁의 전쟁영웅으로 기려 명예원수로 추대하려는 움직임을 보였다. 그러더니 다음 해에는 한국방송공사가 관련 시민단체의 강력한 반대에도 불구하고 백선엽을 영웅으로 기리는 다큐멘터리를 방송했다. 모두 이명박 정권 때 일어난 일이다.

백선엽 영웅 만들기는 박근혜 정권 들어서도 계속되어 2013년부터는 그의 이름을 딴 한미동맹상이라는 것을 만들었다. 2015년에는 당시 새누리당 대표이던 김무성이 백선엽을 만난 자리에서 "장군은 6·25전쟁 때 나라를 지켜준 영웅으로 생각하고 새누리당원 모두의 마음을 모아 존경을 표"한다고 추켜세웠다.

박근혜 정권이 들어서면서는 노골적으로 친일파를 미화하는 일이 자주 일어나고 있다. 2015년 법무부에서 광복 70주년을 기린다고 만든 청소년용 동영상이 대표적이다. 이 동영상에는 모두 10여 명의 독립운동가가 등장하는데 놀랍게도 그 가운데 한 사람이 윤치호였다.[8] 윤치호는 일제로부터 충성심을 인정받아 나중에는 귀족원 의원이 되기도 한, 말 그대로 거물급 친일파였다. 그런 윤치호를 김구, 윤봉길과 같은 급의 독립운동가로 소개하는 동영상을 만들어 청소년에게 배포하려고 한 것이 대한민국 '법질서 확립'의 주무부서인 법무부였다.

친일파,
다시 역사 앞에 서다

반민특위가 친일청산에 실패한 이후에도 친일청산에 대한 사람들의 열망이 약화되거나 없어진 것은 아니었다. 다만 그 열망이 공론화될 수 없었을 뿐이다. 친일 문제가 다시 역사의 전면에 등장한 데는 1987년 6월항쟁이 결정적인 배경이 되었다. 민주화가 진전되는 속에서 잘못된 과거사의 청산이 화두로 등장했다.

그러면서 과거사의 원점으로서의 친일청산 문제가 새삼 사람들의 관심을 끌게 되었다. 한국사회에서의 과거사는 기본적으로 분단·독재체제에서 비롯된 것인데 분단세력과 독재세력이 곧 친일세력이므로 분단·독재체제의 희생자 문제를 해결하는 것과 친일청산을 하는 것은 불가분의 관계라는 인식이 뿌리를 내리게 된 것이다. 그리하여 친일청산을 요구하는 목소리가 커졌고 그 결과 먼저 시민사회 차원에서의 친일청산 움직임이 가시화되었다.

그 기폭제는 1991년 친일청산을 내걸고 반민족문제연구소가 출범한 것이다. 이 연구소는 1994년 『친일인명사전』을 내겠다는 계획을 세웠다. 그리고 다음 해에는 이름을 민족문제연구소로 바꾸었다. 그러면서 시민사회 차원에서의 친일청산 작업이 본격화되었다. 1998년에는 '친일인명사전 편찬 지지 전국 교수 1만인 선언'이 나왔고 2003년 말에는 '친일인명사전 편찬 국민의 힘으로'라는 모금운동이 일어났다.

해방된 지 반세기가 지난 시점에 다시 불붙은 친일청산 움직임에 대해 시민들은 뜨거운 호응을 보냈다. 2003년 한 인터넷매체가 『친일인명사전』 편찬비용 모금 캠페인을 시작하자 10여 일 만에 목표액 5억 원이 걷힌 것이 이를 잘 보여준다.

이와 같이 시민사회에서 시작된 친일청산 요구는 여론을 등에 업고 국가로까지 확대되었다. 2004년 3월 일제강점하 친일반민족행위진상규명에 관한 특별법(이하 반민규명법)이 국회에서 의결된 것이다. 애초에 친일 문제를 국가 차원에서 정리해야 한다는 주장이 국회의원 다수의 지지를 얻어 실제로 입법화될 것이라고 예상한 사람은 별로 없었다. 그러나 『친일인명사전』 모금 캠페인에 대한 시민들의 열화와 같은 성원은 늘 표를 의식할 수밖에 없는 정치권을 움직이는 촉매제가 되었다.

그러나 반민규명법이 국회를 통과하는 과정에서 친일청산을 둘러싼 대립이 다시 한번 재연되었다. 박정희 등의 특정 인물이 조사대상에 들어가느냐 마느냐 식의 논쟁 끝에 정치적 타협이 이루어졌고 이로 인해 법 자체가 기준도 분명하지 않은 '누더기 법'으로 바뀌어버렸다.

그러나 누더기가 된 반민규명법에 대해 시민사회는 거세게 반발했다. 진상규명법이 아니라 '진상규명저지법'이라는 것이 시민사회의 평가였다. 친일청산에 따른 민족정기와 사회정의의 확립이라는 본래의 입법취지와는 달리 친일청산을 형해화해 결국에는 친일파에게 면죄부를 주기 위한 법률로 탈바꿈했다는 비판이 강력하게 제기되었다. 그리하여 2004년 4월 총선거에서 원내 다수당이 된 열린우리당의 주도로 같은 해 말 반민규명법 개정안이 국회를 통과했다.

개정안의 통과는 구법 통과 때와 마찬가지로 어려움을 겪었다. 한나라당은 여전히 개정안 통과를 막기 위해 온갖 수를 동원했다. 보수언론도 가세했다. 개정안과 관련된 근거 없는 음해가 시도되었다. 개정안이 통과되면 21세기판 마녀사냥이 시작될 것이다, 말단 관공리는 물론 학교 교사까지 친일반민족행위자로 몰릴 것이다, 그래서 4만 명이 대상자가 될 것이다, 아니 10만 명이다 등등의 유언비어가 친일청산 반대세력을 통해 퍼져나갔다. 이는 사회적 불안을 야기함으로써 개정안 통과를 막으려는 꼼수였다. 그리고 반대를 위한 꼼수는 어느 정도 효과를 발휘하기도 했다. 개정안은 일정한 지위에 있으면 모두 친일반민족행위를 한 것으로 간주하려고 했는데 지위에 따른 친일반민족행위라는 기준을 전면적으로 관철하는 데 실패한 것이 단적인 보기이다. 어쨌거나 개정된 반민규명법에 따라 2005년 반민규명위가 출범했다.

원래 국회에서 처음 친일청산을 위한 특별법을 제정할 때만 해도 초점은 친일반민족행위의 진상을 밝혀 역사의 기록으로 남기는 데 있었다. 그런데 이 무렵 친일과 관련해 뜻하지 않은 사태가 일어났다. 친일파의 후손들이 국가나 다른 사람이 소유하고 있는 선조의 재산을 돌려달라는 소송을 내는 현상이 빈번하게 나타난 것이다.

사실 이는 새로운 현상은 아니었다. 대한제국의 내각총리대신으로 있으면서 나라를 팔아먹는 데 앞장선, 그리하여 매국노의 대명사처럼 알려진 이완용의 증손자가 매국의 대가로 취득한 증조부의 땅을 되찾아가겠다고 소송을 제기한 적이 있다. 1995년의 일이었다. 당시 이 땅의 시가는 20억 원이었다. 이완용은 조선총독부 소유의 미간지 무상대부 등을 통해 엄청난 토지를 모았다. 1910년대에 그가 보유한 토지는 밝혀진 것만 약 1800필지, 1570만 제곱킬로미터(475만 평)에 달했다. 이는 여의도 면적의 1.9배에 해당한다. 이완용은 이 토지를 재빨리 제3자에게 매각하는 방법으로 막대한 재산을 축적했다. 1920년대 중반에는 '최대의 현금 부호'라는 이름을 들을 정도였다. 1995년에 소송이 제기된 땅은 이완용이 친일의 대가로 얻은 땅 가운데 처분되지 않고 남아 있던 것이었다. 그런데 법원은 친일파의 재산권도 법적으로 보호받아야 한다는 이유에서 이완용 후손의 손을 들어주었다.

이완용에 버금가는 거물급 친일반민족행위자 송병준의 후손은 한때 송병준의 소유였던 '부평 미군기지'를 되찾겠다고 소송을 벌였다. 공시지가만 해도 2500억 원이 넘는 이 땅의 소유권은 송병준과 조선총독부를 거쳐 대한민국으로 넘어가 있었다. 그리고 대한민국 정부는 이 땅을 미군기지로 제공했다. 그런데 1990년대 중반부터 인천시민들이 미군기지를 되찾기 위한 시민운동을 벌인 결과 2002년에 이르러 반환이 결정되었다. 그러자 바로 송병준의 후손이 이미 아무 권리도 남아 있지 않은 조상 땅을 되찾겠다고 소송을 제기한 것이다. 이 소송은 언론에 보도되면서 국민의 공분을 불러일으켰다.

친일파인 조상이 남긴 땅을 찾겠다는 소송은 이밖에도 많이 있었다. 그 절정은 광복 60주년이던 2005년이었다. 이에 친일파 후손들의 재산권 행사를 제한하는 특별법을 제정하려는 움직임이 일어났다. 그 결과 2005년 말 친일반민족행위자 재산의 국가귀속에 관한 특별법(이하 친일재산특별법)이 제정되었다. 그리고 다음 해에는 친일재산특별법에 따라 친일재산조사위가 출범했다.

두 개의 특별법 제정을 통해 친일청산은 국가의 일이 되었다. 반민규명위와 친일재산조사위의 출범을 통해 시민사회의 영역에 머물던 친일청산 작업이 국가의 영역으로 확대되고 제도화된 것이다.

반민특위가 와해되고 60년이 지나면서 친일파에 대한 사법적 처벌은 불가능해졌다. 당사자 대부분이 이미 사망했기 때문이다. 그래서 반민규명위는 반민특위와는 달리 처벌이 아니라 진실규명을 통한 친일의 역사적 청산을 지향했다. 국가기구가 친일반민족행위자를 선정하고 이를 『관보』등 공문서에 게재하는 행정절차까지 수행했다는 점에서 일종의 명예형이라는 평가를 받기도 했다.

논란이 된 전직 대통령 박정희, 최규하와 전직 총리 장면, 정일권 등은 모두 기준에 미달한다는 이유로 반민규명위의 결정에서 빠졌다. 그러나 친일반민족행위를 한 것으로 결정된 1006명의 친일파 가운데는 해방 이후까지 계속 활동하면서 큰 영향력을 행사한 인물이 적지 않았다. 이를테면 다음과 같은 이름이 주목된다.[9]

- 중추원: 김신석, 김원근, 박필병, 성원경, 윤치오, 현준호
- 관료: 계광순, 안용백, 최하영, 한동석
- 사법: 김두일, 김세완, 백한성, 변옥주
- 군인: 김석범, 김석원, 백선엽, 신태영, 신현준, 이응준, 이종찬
- 경찰: 노기주, 노덕술, 최연, 한종건
- 경제: 김연수, 박흥식, 신용욱
- 교육: 고황경, 김성수, 김활란, 박관수, 박인덕, 배상명, 백낙준, 송금선, 신봉조, 유각경, 임숙재, 이숙종, 장덕수, 조기홍, 조동식
- 언론: 방응모, 유광렬
- 종교: 갈홍기, 권상로, 김길창, 노기남, 신흥우, 이명세, 이종린, 이종욱, 전필순, 허영호
- 문화: 김기진, 김기창, 김은호, 김인승, 모윤숙, 박시춘, 백철, 서정

주, 서항석, 신태악, 안종화, 유진오, 유치진, 이무영, 이서구, 정인섭, 조용만, 조택원, 주요한, 최재서, 최정희, 현제명

• 해외: 권일, 신기석, 진학문

친일재산을 국가에 귀속시킨 것은 사법적 처벌이 불가능한 상황에서 국가가 취할 수 있는 가장 강력한 형태의 친일청산이었다. 다만 사법적 처벌의 일환인 몰수가 아니라 국가귀속이기 때문에 범위를 더 엄중하게 규정할 필요가 있었고 그래서 친일재산특별법에서는 일정한 지위 이상의 친일반민족행위자 곧 매국노, 귀족, 중추원 참의, 일본 귀족원 의원이 "일본제국주의에 협력한 대가"로 취득한 재산을 국가가 귀속시켜야 할 친일재산으로 규정했다.

친일재산조사위는 4년의 활동 기간 동안 모두 168명의 친일반민족행위자가 남긴 2359필지(시가 2107억 원 상당)의 토지에 대해 국가귀속 결정을 내렸다. 그리고 이와는 별도로 친일재산의 국가귀속이 결정된 이후 제3자에게 처분되어 국가귀속이 불가능한 116필지(시가 267억 원 상당)에 대해서는 친일재산확인 결정을 내렸다.

반민규명위와 친일재산조사위의 활동을 통해 해방 이후 지연되었던 사회정의가 비로소 국가에 의해 실현되는 계기가 마련되었다. 과거사를 청산하고 역사를 바로잡는 데는 시효가 없다는 것이 국가의 이름으로 확인된 것이다. 이것 자체만 하더라도 두 위원회의 활동은 소기의 성과를 거두었다고 평가할 수도 있다. 그러나 국가의 이름으로 뒤늦게 이루어진 친일청산에 아쉬움이 없는 것은 아니다.

과거사를 청산하고
역사를 바로잡는 데는 시효가 없다.
재야사학자 임종국이 작성한
1만 2000장의 친일인명카드.

친일인명카드

반민규명위 결정에서 가장 중요한 기준은 구체적 행위였다. 일정한 지위 이상을 차지하고 있던 친일파 가운데 구체적 증거에 의해 친일반민족행위가 확인되는 경우에만 결정을 내릴 수 있었다. 해방 직후라면 세상 사람 누구나 다 인정하는 친일반민족행위자도 구체적인 증거가 없다는 이유로 결정에서 빠질 수 있게 된 것이다. 예를 들어 만주군 헌병대위 출신의 정일권은 헌병의 성격에 비추어 판단할 여지도 있었다. 그런데도 정일권이 침략전쟁에 직접 관여했다거나 독립운동을 탄압한 증거가 없다는 이유로 조사대상에서 빠졌다.

친일재산조사위의 경우 처음부터 시간과의 싸움이라는 근본적인 문제를 안고 출범했다. 친일반민족행위자가 친일재산을 취득한 뒤 짧게는 60여 년, 길게는 100년 이상이 지나면서 애초에 친일재산에 해당하던 것이 이제는 친일재산이 아닌 경우가 대부분이었기 때문이다. 법률상 이미 제3자에게 정당한 대가를 받고 넘긴 재산은 친일재산이 아니었다. 따라서 친일재산 가운데 극히 일부만을 국가에 귀속시킬 수밖에 없다는 한계가 친일재산조사위 활동에 큰 제약이 되었다.

해방 직후에 친일청산을 가로막은 것이 이승만 정권이었다는 사실을 감안할 때 21세기 이후 국가에 의해 이루어진 친일청산은 국가가 과거에 저지른 잘못을 바로잡는다는 의미를 갖고 있다. 그리고 국가의 잘못을 인정하고 바로잡았다는 점에서 과거사 청산의 일부를 이루게 되는 것이다.

과거를 기억하지 않고는
미래도 없다

친일파를 도덕적으로 단죄하는 것이 아니라 친일의 진상을 밝히고 이를 바탕으로 친일에 대한 반성을 이끌어내는 것이 뒤늦은 친일청산이 궁극적으로 지향한 바였다. 그러나 반성이라는 측면에서 본다면 친일청산은 반쪽의 성과만을 거두는 데 그쳤다. 대부분의 후손이 국가기구나 시민단체의 결정에 반발했다. 명백한 친일반민족행위조차 그런 일이 없었다고 강변했다. 심지어는 친일청산을 주장하는 사람은 모두 '빨갱이'라고 비난하는 후손도 적지 않았다.

친일청산은 여전히 미완의 과제다. 아직도 우리 사회 내부에 친일청산에 대해 회의적인 시각으로 바라보고 심지어는 친일청산이 빨갱이의 국론분열 조장행위라고 몰아붙이는 세력이 있는 한 친일청산은 완결된 것이라고 할 수 없다.

과거를 기억하지 않고는 미래도 없다. 과거를 기억하고 잘못된 과거를 청산하려고 하는 이유는 과거 자체를 바꾸려는 데 있는 것이 아니다. 오히려 미래를 위한 역사적 교훈을 얻는 데 기억과 청산의 궁극적인 목적이 있다. 이는 친일청산에도 그대로 적용된다. 뒤늦은 친일청산은 지난 시절 망각되었던 친일 문제를 다시 복원시키는 성과를 거두었다. 그러나 냉정하게 말해 기억하고 청산하기 위한 실마리를 열었다고 보는 것이 더 정확하다.

이명박 정권과 박근혜 정권을 거치면서 뒤늦게 이루어진 친일청산을 다시 형해화하려는 움직임이 곳곳에서 감지되고 있다. 박근혜 정권의 전폭적인 지원을 받은 교학사 고등학교 한국사 교과서가 단적인 예이다. 이 교과서는 반민규명위에서 친일반민족행위를 했다고 결정한 김성수를 친일파가 아니라 애국자로 탈바꿈시키려고 했다. 김성수만이 아니다. 반민규명위에서 친일반민족행위를 했다고 결정한 바 있는 유치진, 장덕수, 김활란, 이종린, 홍난파 등이 애국자이자 선각자로 묘사되었다. 각종 '친일의 변'을 동원해 친일파에게 면죄부를 주고 더 나아가서는 현양해야 한다고 강변하기도 했다. 압권은 친일반민족행위자 최남선에게 훈장을 주어야 한다고 학생들을 선동하는 대목이었다.

2014년의 문창극 사태 등을 겪으면서 친일파가 다시 언론의 조명을 받았다. 그렇게 친일청산을 반대하던 새누리당조차 『친일인명사전』이나 반민규명위 보고서에 수록되지 않았으면 친일파가 아니라는 궤변을 늘어놓기 시작했다. 뒤늦은 친일청산을 하면서 우려했던 바가 그대로 나타나고 있는 것이다. 『친일인명사전』의 편찬, 반민규명위의 친일반민족행위 결정, 친일재산조사위의 친일재산 국가귀속은 친일청산의 완결이 결코 아니다. 앞의 세 경우에 해당되지 않는다고 해서 친일에 면죄부가 주어지는 것도 아니다. 『친일인명사전』 편찬기준이나 반민규명법·친일재산특별법의 법호에 따른 친일의 범주가 그 정도라는 것을 보여줄 뿐이다.

친일청산의 남은 과제는 분명하다. 민주주의의 발전이라는 측면에서 반민특위 와해 이후 친일세력과 독재정권의 관련성을 밝히는 일이 무엇보다 중요하다. 한국사회의 과거사 문제는 다양한 모습을 띠고 있지만 크게 일제 식민지배가 남긴 과거사와 독재정권이 남긴 과거사로 나눌 수 있다. 그런데 두 과거사는 사실상 동전의 양면과 같다. 친일청산은 더 폭넓은 과거사 문제 해결과 깊이 관련되어 있다. 친일청산을 포함해 과거사의 진상을 규명하는 일은 현재진행형의 역사쓰기이자 앞으로 전개될 민주화 이후 우리 현대사의 첫 장을 여는 작업이다. 친일청산은 그 자체가 민주화운동의 성과물이지만 민주화운동의 또 다른 시작이기도 한 것이다.

8

잘못 낀 첫 단추, 일본군 '위안부'

소현숙

한양대학교 비교역사문화연구소 HK연구교수. 한양대학교 사학과에서 박사학위를 받았다. 주요저서
로 『일상사로 보는 한국근현대사』 『식민지 공공성』 『日韓民衆史研究の最前線』(이상 공저) 등이 있고,
주요 논문으로 「식민지시기 근대적 이혼제도와 여성의 대응」 「Collaboration au féminin en Corée」
「수절과 재가 사이에서: 식민지시기 과부담론」 「'만들어진 전통'으로서의 동성동본금혼제와 식민정
치」 등이 있다.

2015년 말 한일 정부 간에 전격적으로 맺어진 '일본군 위안부 한일 합의'로 세상이 시끄러웠다. 1965년의 한일협정 이후 꼭 반세기만에 맺어진 이 합의는 50년 전 한일협정이 그러했듯이 거센 비판에 직면했다. 이 합의에서 일본정부는 "위안부로서 많은 고통을 겪고 심신에 걸쳐 치유하기 어려운 상처를 입은 모든 분들에 대해 마음으로부터 사죄와 반성의 마음을 표명"한다고 밝혔다. 그리고 정부 예산으로 10억 엔의 자금을 일괄 거출해 재단을 설립하고, 이 재단을 통해 '위안부'의 명예와 존엄 회복 및 마음의 상처를 치유하기 위한 사업을 벌이기로 했다.

여기까지만 보면 그동안 우경화로 치닫던 일본정부가 '위안부' 문제 해결을 위해 한 단계 진전된 제스처를 보여주는 것인지 기대감을 품게 된다. 그러나 이어지는 합의문의 내용들은 그동안 '위안부' 문제의 올바른 해결을 염원해온 피해 당사자들과 한일 양국의 시민들 마음에 큰 상처를 주었다. 우선 합의 전까지 '위안부' 피해자들이 요구해온 일본의 '법적 책임' 인정 요구에 대해, 일본정부가 기존에 밝힌 '도의적 책임'과도 거리가 먼 '책임을 통감'한다는 표현으로 얼버무렸다. 또한 일본정부는 이 합의를 통해 일본군 '위안부' 문제는 "최종적 및 불가역적으로 해결될 것"이라고 했고, 한국정부는 이를 인정하면서 일본대사관 앞 소녀상 철거 문제를 거론하고 유엔 등 국제사회에서 더이상 이 문제를 거론하지 않겠다는 뜻을 표명했다.

피해 당사자의 의견을 한마디도 묻지 않고 그들의 주장을 하나도 반영하지 않은 채 이루어진 정부 간의 합의로 일본군 '위안부' 문제는 정말 '최종적'이고 '불가역적'으로 해결될 수 있는 것일까? 도대체 당사자들이 받아들일 수 없는 해결이라는 게 가능이나 한 것인가? 그리고 문제의 해결이 왜 소녀상의 철거와 국제적 언급의 포기라는 역사적 기억에 대한 봉쇄와 망각으로 귀결되어야 하는 것인가? 한일 합의 이후 소녀상을 지키기 위해 대학생들이 나서서 한겨울 한파를 견디며 60일 동안 밤낮으로 지켜야 했던 상황을 우리는 어떻게 바라봐야 할까?

한일 합의와 그에 따른 사회적 논란이 보여주듯이, 일본군 '위안부' 문제는 여전히 현재진행형이다. 과거에 일어났던 일들에 대한 인식으로부터 오늘날 이 문제에 대해 누가 어떻게 책임을 질 것인가 하는 문제에 이르기까지 수많은 논쟁과 질문들을 우리에게 던져준다. '위안부' 문제를 되돌아보는 것은 과거와 현재에 관통하고 있는 식민지와 제국, 전쟁과 여성, 국가와 개인, 반인륜적 범죄와 역사적 책임이라는 어렵지만 회피할 수 없는 문제들과 직면해나가는 일이기도 하다. 자, 그럼 이 문제를

피해 당사자의 의견은 한마디도 묻지 않고
정부 간의 합의가 이루어질 수 있을까?
일본군 '위안부' 문제는 여전히 현재진행형이다.

굴욕적인 일본군 '위안부' 한일 합의는 무효

둘러싼 여러 논점들을 하나씩 차근차근 짚어보자.

어디서부터
잘못된 것일까?

일본군 '위안부' 동원은 언제 어떻게 이루어졌는가? 우선 시대적 상황부터 살펴보자. 일반적으로 일제강점기는 1910년대 무단통치기, 1919년 3·1운동 이후의 문화통치기, 1931년 만주사변 이후의 파시즘 시기로 구분한다. '위안부' 동원은 1930년대 파시즘 시기 특히 1937년 중일전쟁 발발로 전시동원이 본격화했던 1937~45년 사이에 집중적으로 이루어졌다.

그렇다면, 일본은 왜 만주사변을 일으키고 중국을 침략하면서 전쟁으로 치달았던 것일까? 알다시피 1929년에는 세계 대공황이 발생해 전 세계가 어려움을 겪었다. 일본 역시 공황으로 경제적 타격을 입었는데, 이를 돌파하기 위해 일본은 대륙침략을 선택했다. 만주와 중국을 넘어 동남아시아까지 침략한 일본은 1941년 하와이 진주만 공습으로 미국을 상대로 한 아시아 태평양 전쟁으로까지 전쟁을 확대해나갔다. 그리고 전쟁 수행을 위해 조선을 병참기지로 만들고 전시동원체제를 구축해나갔다.

1938년 4월 '국가총동원법'을 제정·공포한 일본은 식민지인 조선에도 이 법을 준용해 적용하고, 같은 해 '육군특별지원병령'을 공포하여 조선에서도 지원병을 모집하기 시작했다. 나아가 1939년에 이르면 '국민징용령'을 통해 노무자를 동원하여 군수산업에 배치해나갔다. 조선어 사용 금지, 창씨개명, 『동아일보』『조선일보』 등 민족언론의 폐간도 이 시기에 일어난 일들이다. 태평양으로 전쟁이 확대되면서 1942년부터는 놋그릇까지 빼앗아갔다는 강제공출이 시작되었고, 결국 전쟁 막바지였던 1944년에는 조선인 학병뿐만 아니라 일반 조선인들까지도 전쟁터에 끌어들이기 위해 징병제를 실시하기에 이른다. 이 과정이 1945년 해방을 맞기 전까지의 상황이다.

일본이 침략전쟁을 일으키면서 내세웠던 논리는 '대동아공영권 구축'으로, 아시아에서 백인(서양인)의 압제를 물리치고 아시아인들을 구출하겠다는 것이었다. 말레이시아는 영국, 인도네시아는 네덜란드, 인도차이나 반도는 프랑스 등 동남아시아 각국이 서구 제국의 식민지 상태였던 당시 상황 속에서 일본은 '침략'을 '해방'으로 둔갑시켰다. 이렇게 일본의 '대동아공영권' 논리에 따라, 전장은 중국뿐만 아니라 아시아 전역으로 확대되었다. '병참기지'였던 조선에서 물자 및 인력 수탈이 광범하게 일어났던 것은 이러한 상황에서였다. 그리고 이 글의 핵심주제인 성性동원, 즉 군 '위안부' 동원이라는 비인도적인 범죄도 벌어지게 되었던 것이다.

역사적 쟁점으로서 일본군 '위안부' 문제가 부상하고 연구가 진행됨에 따라 이 문제에 관해 많은 사실들이 밝혀지고 문제를 보는 시각도 변화해왔다. '정신대' '종군위안부' '일본군 성노예' 등 피해자를 지칭하는 용어도 변화해왔는데, 이는 진상규명의 진척 및 시각의 변화를 반영한다. '위안부' 관련 피해자 지원단체가 '한국정신대문제대책협의회'(이하 정대협)인 것에서 알 수 있듯, 이 문제가 불거진 초창기에는 '정신대'라는 표현을 많이 썼다. 그런데 정신대挺身隊라는 용어는 '앞장 서서 나아가는 무리'라는 뜻으로 제국의 부름에 솔선해서 나간다는 의미이기 때문에 '위안부'의 실태를 보여주는 용어는 아니다. 더욱이 '위안부'와 정신대를 동일한 것으로 간주했던 정대협 운동 초기의 오해와 달리, 정신대는 '위안부'와는 다른 조직이었다. 전시체제하에서 노동력을 제공하는 조직을 지칭하는 일반명사로 쓰이던 정신대라는 용어는 1944년 여자정신대근로령이 공포되면서 점차 전쟁노동력으로 동원된 여성들을 가리키는 용어로 쓰였던 것이다.[1] 그럼에도 불구하고 정신대를 '위안부'로 생각했던 것이 단지 착각은 아니었다. 윤정옥, 김복동 등의 증언과 인도네시아 수마트라섬의 팔렘방에서 근무했던 일본 헌병 쓰치가네 도미노스케의 증언, 그리고 1944년 11월 30일자 『라운드 업ROUND UP』이라는 미국의 신문기사 등에서 정신대와 '위안부'를 동일시하는 내용이 나타나고 있는 것은 일본이 식민지 조선에서 '위안부' 동원에 '정신대'라는 용어를 활용했다는 사실을 보여준다.[2]

근로정신대와 군 '위안부'를 구별하게 된 이후로 피해자들을 지칭하기 위해 '종군위안부'라는 용어를 한동안 사용했다. 그러나 '종군기자' '종군작가' 등의 표현에 자주 쓰이는 '종군'從軍이라는 표현도 자발성을 강조한 것이어서 강제동원의 성격이 짙은 군 '위안부'를 지칭하기에는 적절치 않다는 비판이 제기되었다. 따라서 최근에는 일본군 '위안부'라는 표현을 주로 사용한다. 그런데 일본군 '위안부'라고 할 때 '위안'慰安이라는 말은 단어 뜻 그대로 '위안을 해준다'는 의미이다. 피해자들에게는 명백히 '폭력'이었던 사태를 '위안'이라고 표현하는 것은 지배자와 군인들의 시각으로, 피해자의 입장을 고려한 것이 아니다.

군 '위안부'의 상황을 개념적으로 가장 정확히 포착한 용어로 '일본 군 성노예'가 있다. 현재 유엔 등 국제사회에서는 성노예sexual slave라는 표현을 자주 사용한다. 다만 피해자들이 생존해 있는 상황에서 인터뷰 등을 할 때 피해자를 지칭해 '성노예'라는 표현을 쓰기에는 어감이 너무 강하기 때문에, 개별 피해자들에 대해서는 '군 위안부 피해자' 혹은 '생존자'라는 표현을, 위안소 제도를 표현할때는 성노예제라는 표현을 사용하고 있다.

그렇다면, 일본군은 왜 군 위안소를 설치했던 것인가? 일본의 전쟁 책임을 연구해온 요시미 요시아키古見義明 교수는 그 이유로 점령지에서의 강간 방지, 성병 문제, 군인에 대한 "위안"의 제공 및 군사 기밀 유출의 방지 등을 제시했다.[3] 특히 1937년 난징대학살이 보여주었듯이 점령지에서의 약탈, 방화 및 성범죄의 급증은 일본군에 대한 강한 반감을 야기하여 점령지에서의 치안을 불안케 하는 요인이 되었다. 또 성병은 일단 발병하면 완치하기까지 상당히 오랜 시간이 걸렸기 때문에 군의 병력을 손상시키는 주요한 요인이 되어 군 당국에서 그 대책 마련에 고심했다. 나아가 일본군 내부에서 일어났던 각종 폭행과 협박 등 군기문란의 문제도 심각했다. 일본군은 위안소를 설치함으로써 전쟁 중의 스트레스에 의한 군인들의 폭력성을 필요에 따라 강화하거나 순화하도록 조절하는 데 활용했다.[4] 따라서 '위안부' 제도는 남성을 '총알받이'로 만들기 위한 장치였고, 여성을 성적 대상물로 만듦으로써 일본은 제국주의 전쟁을 수행해 갈 수 있었던 것이다.

또 하나 기억해야 할 것은 군 위안소가 제도화되는 과정에는 기본적으로 공창제가 깊숙히 연루되어 있었다는 점이다. 성매매를 금지하고 있는 오늘날 한국사회에서 성매매의 합법화를 주장하는 이들이 흔히 공창제 실시를 요구하곤 한다. 그러나 한국 역사에서 공창제는 그리 낯선 제도가 아니다. 일제강점하에서 일본에 의해 공창제가 도입되었다가 미군정기에 폐지된 경험이 있기 때문이다. 일본은 이미 에도시대부터 공창제를 시행하고 있었고, 메이지 유신 이후 유럽의 모델을 수용하여 근대적 형태로 재편성했다.[5] 이렇게 만들어진 근대적 공창시스템이 식민지화와 함께 한국에 이식되었던 것이다. 물론 우리나라에도 기생제도가 있었다. 그러나 우리의 기생제도와 일본에 의해 도입된 공창제는 상당히 다르다. 조선시대의 기생은 하나의 신분으로서 관에 속해 있으면서 연회를 할 때 노래를 하거나 춤을 추는 예인으로서의 활동이 주된 업무였다. 관료들의 수청을 드는 것은 부차적인 임무이고, 이때에도 돈이 오고가는 매매의 과정은 아니었다. 이에 비해 근대적 공창제에서의 창기는 그야말로 성을 매매하는 존재이다. 무엇보다 근대적 공창제의 가장 중요한 특징은 성매매를 국가가 관리한다는 것이다. 국가는 유곽이라는 특별한 지역을 설정해 성매매를 합법화했고, 업자들에 대해 세금을 걷었으며, 창기들에 대해서는 정기적으로 성병검사를 실시하는 등 직접적인 통제를 가했다.

일제에 의해 강요된 이러한 통제적 시스템이 조선에 이식되면서 기생들에게까지 확대되자, 성병검사를 강요했던 일제 관헌에 대한 기생들의 반발은 심했다. 1919년 3·1운동에 기생들이 적극적으로 참여했던 것도 이러한 배경과 무관하지 않다. 경성 치안의 책임자였던 지바료가 기생들을 "화류계 여자라기보다 독립투사"라고 표현하고 일본인들을 대하는 태도가 "냉랭하기가 얼음장 같고 이야기도 않거니와 웃지도 않는다."라고 표현했던 것 역시 기생들의 반발이 어떠했는지를 보여준다.

일본이 공창제를 만든 명분은 일반 부녀들에 대한 성폭력 등을 예방한다는 것이었다. 그러나 공창제와 함께 유곽 밖의 불법적 성매매인 사창이 번성해갔던 상황을 본다면, 이러한 명분은 설득력이 없다. 오히려 공창제는 남성의 성욕을 자연스러운 생리작용으로 여기게 만들면서 성매매와 성폭력이 만연한 사회를 만들어냈다. 그 속에서 성매매를 업으로 삼는 많은 접객업자들이 양산되었고, 하층의 많은 여성들이 생계유지를 위해 자발적으로 혹은 인신매매를 통해 강제적으로 성매매에 연루되어 갔던 것이다.

중일전쟁 이후 본격적으로 전시동원체제가 구축되어 감에 따라 공창제를 떠받치고 있던 다수의 업자들과 창기들이 군 위안소 제도의 창출에 활용되었다. 전시체제하에서 향락산업, 유흥업이 점차 쇠락하자 접객업자들은 불황과 경영난에서 벗어나기 위해 만주와 중국으로 눈을 돌렸다. 일본군은 이런 업자들에 대한 통제와 관리를 통해 손쉽게 군 위안소 제도를 구축해나갈 수 있었다. 따라서 군 '위안부' 동원의 배경에 광범하게 구축되어 있었던 공창제의 그늘을 놓쳐서는 안 된다. 그렇다고 해서 일본 우익들이 말하듯, 군 위안소가 곧 공창이었던 것은 아니다. 애초에 근대적 공창제 역시 제국주의적 팽창과 그에 따른 강력한 군대

일본군 위안소 입구

제국주의 전쟁에 이용된 여성의 성.
일본군 위안소 입구에 "성전 대승의 용사 대환영"
"몸도 마음도 바치는 야마토 나데시코의
사부이스(서비스)"라고 씌어 있다.

의 건설 및 유지라는 문제와 직접적으로 연관되어 탄생한 제도지만[6] 군 위안소와 공창제는 제도적으로 차이가 있다. 무엇보다 공창제하의 접객 업소가 자본의 논리에 따라 운영되었다면, 군 위안소는 군대의 통제하에서 군대의 필요에 의해 운영되었고, 군은 군 위안소를 허가할 뿐만 아니라 경우에 따라서는 폐쇄시킬 수도 있는 막강한 권한을 가지고 군 위안소에 대한 감독과 통제를 해나갔기 때문이다.[7]

그들이 부인하는
역사적 사실

일본군 '위안부'는 조선에서만 동원되었는가? 이제는 많이 알려졌지만 일본군 '위안부'는 조선인만 있었던 게 아니었다. 일본인도 있고 중국, 싱가포르, 말레이시아, 필리핀, 인도네시아 등 여러 국가의 여성들이 '위안부'로 동원되었다. 심지어 인도네시아에 거주하다가 동원되었던 네덜란드 여성처럼 군 '위안부'로 동원된 여성 중에는 백인도 있었다. 이렇게 다국적의 '위안부' 여성들이 존재했지만, 압도적으로 많은 여성들이 식민지 조선에서 동원되었다. 대략 8만~28만 명 정도로 추정된다. 게다가 조선에서 동원된 여성들은 마찬가지로 식민지였던 대만의 여성들도 그랬지만, 만 21세 미만의 미성년자가 차지하는 비율이 매우 높았다. 이는 일본의 '위안부'들이 대체로 21세 이상의 성매매 경험자였던 것과 다르다.

그렇다면, 유독 조선의 여성들이 이렇게 많이 동원되었던 이유는 무엇일까? 그것은 '추업 사용 목적 부녀 매매 단속에 관한 국제조약' 및 '부인 및 아동의 매매 금지에 관한 국제조약'과 깊은 관련이 있다. 일본은 1925년에 두 조약을 비준했으나, 식민지는 적용 대상에서 제외되어 있었다. 이 때문에 일본인 여성들은 21세 이상의 창기가 계약을 하는 형태로 동원되었다. 오늘날 일본인들이 '위안부'에 대해 성매매 여성이 자기 스스로 돈 벌러 갔다는 식으로 성매매와 연결시켜서 생각하는 것도 당시 일본의 국내상황에 대한 인식에서 비롯된 것이다. 전쟁이 확대됨에 따라 21세 이상의 일본인 창기의 고용만으로 '위안부'의 수효를 충당할 수 없었던 일본은 넓어진 전선으로 보낼 '위안부'의 공급처로 식민지 조선을 눈여겨보게 되었다. 점령지에서도 여성들을 동원하기는 했지만 치안 문제로 한계가 있었던 반면, 군사적·행정적으로 장악된 식민지 조선에서의 여성 동원은 점령지에서보다 훨씬 쉽게 이루어질 수 있었기 때문이다. 더욱이 국제조약이 적용되지 않았기 때문에 조선에서는 21세 이하의 어린 여성들까지도 광범하게 동원되었다.

군 '위안부'의 동원 방법으로는 군과 경찰에 의한 납치, 인신매매 등이 거론되지만, 사실은 취업사기가 굉장히 많았다. 1990년대 정대협이 만들어진 당시에는 거의 다 납치당한 것으로 생각했지만, 피해자 신고를 한 할머니들을 인터뷰한 결과 제일 많았던 건 취업사기였다. 군 '위안부' 피해자들의 약 70퍼센트 정도가 공장 여공이나 식모로 취업시켜준다는 말에 따라나섰고, 표적이 된 것은 주로 농촌 출신의 가난한 가정의 미혼 소녀들이었다.[8] 당시 공장에서 여성노동자를 모집할 때 모집원을 농촌으로 파견했는데, 그들이 가난한 집들을 돌아다니면서 딸을 공장으로 보내면 먹이고 입혀준다고 설득해 어린 소녀들을 공장으로 데려가는 일이 많았기 때문에 이러한 취업사기가 먹혀들 수 있었다. 토지조사사업과 산미증식계획 등 식민농정으로 하층민을 대규모로 양산했던 식민지의 지배구조, 그리고 먹고살기 위해 주로 어린 딸을 희생시켰던 조선사회의 가부장제가 이러한 취업사기의 토대가 되었음을 물론이다.

취업사기나 인신매매가 많았다는 점에 대해 일본정부나 우익들은 '위안부' 동원이 군이 개입하여 강제로 행한 것이 아니라 업자들의 소행이며, 이것은 결국 성매매였다는 논리를 펴기도 한다. 그러나 일본군과 경찰이 얼마나 광범위하게 개입되어 있는지에 대해서는 수많은 자료와 증언들이 이를 입증하고 있다. 예컨대 1938년 '군 위안소 종업부 등 모집에 관한 건'이라는 육군성의 통첩은 조선 및 대만에서 업자가 군 '위안부'를 모집할 경우 각각 경찰 및 헌병과 긴밀한 협조를 했다는 사실을 보여준다. 또 전직 관동군 후방 담당 참모였던 하라 시로原四郎는 1941년 7월경 관동군이 2만 명의 조선인 군 '위안부'의 징모를 계획했으며, 조선총독부에 이를 요청하여 8000명의 조선인 '위안부'를 징모했다고 증언했다.[9] 한편 최근 중고서점에서 발견된 일본군 위안소 관리인의 일기에서도 군의 개입은 전면적으로 드러난다. 미얀마, 싱가포르 등에서 일본군 위안소를 관리했던 조선인이 쓴 것으로 추정되는 이 일기에는 '제4차 위안단'을 조선에서 모집했던 정황이 담겨 있다. 즉 일본군 남방파견군사령부가 조선군사령부의 협력을 받아서 업자를 모집하고 이 업자들이 '위안부'들을 모집했다는 내용이 그것이다. 이는 업자들이 개별적으로 '위안부'를 모집한 게 아니라 일본 군부가 계획적으로 동원했다는 것을 보여준다. 그간 조선에서 1~4차에 걸쳐서 '위안단'을 모집했다는 풍문이 있었는데, 이 위안소 관리인의 일기를 통해서 그것이 사실로서 규명된 것이다.[10]

군과 경찰은 업자들의 선정과 허가뿐만 아니라 '위안부'의 이송에도 깊숙이 관여했다. 선정된 업자들과 그들의 하청업자들은 운송 과정에서 군용선과 군용트럭을 무료로 이용했으며, 동남아시아 각지로 갈 때 여권도 요구받지 않았다. 군에서 발급하는 여행증이 곧 여권이었다. 심지어 인신매매 등의 미끼로써 '위안부' 동원을 위해 필요했던 전차금이 군부에서 지급되었던 정황도 포착된다.[11] 이렇게 일본군은 업자들을 통하여 군 '위안부'를 동원했던 것이다.

군 위안소는 광범위한 지역에 퍼져 있었다. 일본 군대가 갔던 거의 모든 지역에 위안소가 있었다고 할 수 있다. 위안소의 형태는 다양했지만 크게 세 가지로 분류할 수 있다. 군 직영, 군 전용, 그리고 군 지정 위안소가 그것이다. 군 직영 위안소는 군이 직접 만들어 운영하던 곳이고, 군 전용은 군이 설치했지만 경영은 민간업자들에게 위탁한 경우이다. 그리고 군 지정 위안소는 주둔지 주변 유곽을 일시적으로 점거해 군인만 이용하게 했던 형태이다. 형태가 어떠했든지 군은 위안소의 전반적인 상황을 통제하고 감독했다. 전쟁 초기에는 일본군이 직접 설치하여 운영했던 군 직영 위안소가 많았다. 그러다가 1939년 이후 전장이 넓어지면서 군의 통제가 어려워지자 위안소를 민간업자들에게 위탁하는 방식이 일반화되어 군 전용 위안소가 다수 설립되었다. 또 군 위안소가 설치되지 않은 곳에서는 군의 명령에 따라 일시적으로 혹은 부정기적으로 지역의 유곽을 지정하여 위안소로 활용했다. 그러나 전세가 급박해진 1943년부터는 다시 군이 직접 위안소를 설립·운영하게 되었다. 전시 상황에 따라 점차 물자 및 인력동원이 어려워지면서 군의 직접적인 개입이 더욱 요구되었기 때문이었다. '위안부' 동원에서 강제성이 강화되고 점령 현지에서도 '위안부' 강제동원이 광범하게 이루어진 것 또한 이 시기이다.[12] 위안소는 부대를 따라 이동했고, 전쟁 말기에는 별도 시설도 없이 참호, 산속, 동굴 등에서 '위안부'들은 성폭력을 강요받았다. 폭탄 파편, 총알 등이 몸에 박혀 전후에까지 고통받는 피해자들이 많은 것도 대다수가 폭격이 쏟아지는 중에 군인들과 같이 전장에 있어야 했던 상황 때문이다.

위안소에서의 군 '위안부'들의 생활은 어떠했을까? 문헌자료와 피해자들의 증언을 통해 보면 '위안부'들이 상대해야 했던 군인 수는 지역과 시기에 따라 매우 다양했다. 육군성 의무국 의사과장이었던 한 군인은 "성병예방 등을 위해 병사 100명당 한 명의 비율로 위안대를 수입한다."고 기록하고 있다. 증언자들에 의하면 하루에 적으면 10명 내외, 일요일에는 군인들이 줄을 지어서 계속 들어왔기 때문에 몇 명을 상대했는지 셀 수 없었다는 경우도 많았다. 외출은 거의 허가되지 않았고 휴일은 한 달에 한 번인 경우부터 아예 휴일이 없었다는 증언도 있다. 군인들은 위안소 이용의 대가로 현지 화폐나 군표를 지불했으나, 소수를 제외하고 증언자들 대부분은 돈을 제대로 받지 못했다. 1943~45년 중국 하북성에서 위안소를 운영했던 육군 경리하사관 야마기시 히로시 역시 "병사들은 1회에 1엔씩 요금을 냈으나 '위안부'들에게는 거의 돌아가지 않고 대부분 '위안부' 신규 모집경비로 쓰였다고 증언했다.[13] 성병예방을 위해 군은 위안소와 '위안부'의 위생을 엄격하게 통제했고, '위안부'들은 5일이나 일주일에 한 번씩 성병검진을 받아야 했다. 그러나 군인들은 검사하지 않았기 때문에 성병은 여전히 만연할 수 밖에 없었다. 성병에 걸린 '위안부'에 대해서는 수은 주사와 606호라 불렸던 살바르산으로 치료했지만 부작용이 많았고, 수은중독에 걸려 불임이 되거나 자녀에게 유전되어 전후에까지 그 고통이 이어진 경우도 있었다. 임신을 했을 경우에는 강제로 유산을 시키거나 낳은 아기를 즉시 빼앗아가는 등 '위안부'가 겪은 고통은 이루 말하기 어렵다. 강간 외에도 빨래와 바느질 등 노동착취를 당하기도 했고, 감금, 구타, 고문 등 말로 표현하기 힘든 참혹한 폭력에 노출되었다. 심지어 패전 후에는 집단학살의 대상이 되었고, 유기된 경우에는 현지인들에게 일본인으로 몰려 복수의 표적이 되기도 했다. 이 때문에 사실 남아 있는 생존자들은 정말 일부에 지나지 않는다.

점령지에서의 어려움에도 불구하고 살아남은 여성들 중에는 고국으로 돌아오길 거부한 이들도 있었다. 고국으로 돌아가도 정조를 훼손당한 자신은 결혼도 할 수 없고 집으로 돌아갈 수도 없다고 생각했던 것이다. 실제로 전후 생존자들의 삶을 보면 이러한 판단은 틀린 것이 아니었다. 정신적인 후유증뿐만 아니라 육체에 새겨진 폭력의 후유증들은 전후 이들의 삶을 옭아맸다. 특히 불임이나 순결 문제로 많은 이들이 정상적인 가정을 이루지 못하고 안정된 생활이 불가능한 상태에서 남의 첩이 되거나 혹은 안타깝게도 다시 사창가로 가는 경우도 있었다. 이러지도 저러지도 못한 사람들, 사람들 앞에 나서기를 꺼렸던 사람들은 모든 것을 가슴속에 품은 채 그야말로 하층민의 생활을 할 수밖에 없는 그런 경우들이 많았다.

40년 뒤에야
터져나온 목소리

일본군 '위안부' 문제를 왜 그렇게 오랫동안 침묵해야만 했을까? '처녀공출'이니 '정신대'니 하는 일들은 이미 많은 이들이 알고 있었다. 그럼에도 불구하고 우리 사회에서 일본군 '위안부' 문제가 해결해야 할 과제로서 포착되기 시작한 것은 1980년대 말부터다. 전후 40여 년 동안 이 문제는 수면 아래 묻혀 있다가 1980년대 민주화의 여파 속에서 활발해진 여성운동의 노력으로 비로소 세상에 알려지게 되었던 것이다.

사건 발생과 공론화 사이의 시차는 무엇보다 그것을 문제시하는 시선이 없었다는 데서 비롯된다. 순결 이데올로기라는 한국사회의 가부장성이 이 문제를 지체시켰다. 성폭력을 폭력으로 인식하지 못해온 한국사회에서 강간당한 여성은 피해자가 아니라 오히려 몸이 더럽혀진 죄인이 되었다. 이런 분위기에서 '위안부' 피해는 개인적 수치일 뿐 구조적 폭력으로 인식될 수 없었던 것이다.

성폭력에 대한 인식전환은 1986년 부천서에서 발생한 '문귀동 성고문 사건'을 계기로 해서였다. 노동운동을 위해 공장에 위장취업하여 활동했던 한 여성이 검거되어 형사 문귀동으로부터 성고문을 당했다. 이미 성고문은 일제 때부터 지속된 오래된 관행일 거라 짐작되지만, 성적 수치심 때문에 피해자가 이를 밝힌 경우는 없었다. 사건을 폭로한 피해자의 용기에도 불구하고 여론은 이를 성폭력으로 받아들이기를 주저했다. "설마 성고문이 있었다 하더라도 처녀가 그런 이야기를 꺼내다니…"와 같이 폭로 자체를 부정하는 반응도 있었고, 정부 여당은 "사회적으로 권양을 보호하기 위해서는 이 사건을 크게 벌일 것이 아니라 감춰주자"고 나서기도 했다. 그러나 이를 폭력으로 규정하며 책임자 처벌을 요구했던 여성운동의 노력으로 문귀동은 구속되었고, 한국사회의 성폭력에 대한 인식은 변화의 계기를 맞게 되었다.[14]

1970년대부터 지속적으로 이루어진 '기생관광' 반대운동 역시 일본군 '위안부' 문제에 대한 사회적 관심을 촉발시키는 역할을 했다. 당시 정부는 외화획득을 목적으로 일본 남성들의 기생관광을 부추기고 있었다. '일본의 식민통치를 받은 것도 억울한데 아직도 기생관광으로 성적 수치를 당해야 하는가' 하는 울분 속에서 교회여성단체는 기생관광을 '현대판 정신대'라고 규정하고 반대운동을 전개했다. 이 과정에서 민족적 성 침탈의 역사적 기원으로서 일본군 '위안부' 문제에 관심이 모아지기 시작한 것이다.

자신은 '정신대'를 모면했지만, "또래의 많은 처녀들이 일제에 끌려 갔던" 그 기억으로부터 군 '위안부' 피해자들을 찾아나섰던 이화여대 교수 윤정옥은 1990년 1월 『한겨레』에 「'정신대' 원혼 서린 발자취 취재기」라는 글을 연재했다.[15] 이 기사는 커다란 반향을 불러일으켰고

"여성운동 차원에서 기생관광 정화를" 『경향신문』 1983년 8월 3일자.

기생관광 반대운동은
일본군 '위안부' 문제에 대한
사회적 관심을 촉발시키는 계기가 되었다.

1990년 11월 정대협의 발족으로 이어졌다.

정대협은 일본군 '위안부' 진상규명과 책임자 처벌을 위한 활동을 본격화했다. 하지만 이 문제를 풀 결정적 고리인 '위안부' 피해자들은 당시까지도 나타나지 않았다. 한국정부는 진상조사를 요구하는 여론의 압력에 밀려 1990년 노태우 대통령 방일 시 일본 총리에게 전시 강제연행자의 명부를 만드는 데 협력해줄 것을 요청했다. 그러나 일본정부는 '군 위안소는 민간업자의 단순한 상행위이며 군 위안부는 업자가 데리고 다녔다'고 대응하면서 일본정부의 관여를 전면 부인했다.

1991년 '위안부' 피해 생존자로서 김학순이 스스로 '위안부'였음을 폭로하고 최초로 대중 앞에 나섰던 것은 이와 같은 일본정부의 무책임한 태도에 대한 분노 때문이었다. 이어서 국내외의 여러 생존자들의 폭로가 이어지고, 요시미 요시아키 교수에 의해 일본군의 직접적 개입을 보여주는 증거자료들이 발견되자, 일본정부는 발뺌하기 어려운 상황이 되었다. 이에 1993년 일본정부는 고노 담화를 통해 군과 관헌의 관여와 동원에서의 강제성을 인정하고 사죄의 뜻을 밝혔다. 이와 더불어 군 '위안부' 문제가 기술된 중·고등학교의 교과서를 문부성 검정에 통과시켰다. 이러한 태도 전환에도 불구하고 일본정부는 군의 부분적인 관여는 인정하지만 전반적인 책임은 민간업자에게 있다는 식의 태도를 여전히 고수했고, 법적 책임이 아닌 도의적 책임만을 인정하는 입장을 취했다. 그리고 이에 대한 국가배상은 1965년 한일청구권협정으로 모두 마무리되었다고 주장했다. 이 때문에 피해자들이 일본에 제기한 일본 국가 책임에 관한 법적 소송들은 한일협정으로 모든 배상이 끝났다는 논리 속에서 모두 패소하고 말았다.

사실 1965년의 한일협정에 대해서는 지금까지도 논란이 끊이지 않고 있다. 당시 박정희 정권은 경제개발 비용을 마련하기 위해 일본의 자본을 끌어들이고자 했다. 이를 위해 국교정상화를 추진했고, 그 과정에서 무상 3억, 유상 2억 달러를 '식민지 지배에 대한 배상'이 아닌 '경제협력의 의미'로 받았다. 식민지 지배에 대한 일본 측의 사과와 피해배상이 없는 이러한 한일협정에 대해서는 당시에도 엄청난 반발이 있었지만 박정희 정부는 군대를 동원해 진압하는 무리수를 둬 가며 협상을 타결했다. 결국 이 50여 년 전의 한일협정이 반세기 만에 겨우 말문을 열게된 피해자들의 입에 다시 재갈을 물리게 된 것이다.

한일협정의 사슬을 거부하며 피해자들은 국가가 개인의 피해를 대신 협상할 수 없다는 인식을 분명히 했다. 그리고 2006년 헌법재판소에 헌법소원심판을 청구했다. 피해자들의 배상청구권 문제에 대해 한일 양국에 명백한 분쟁이 존재함에도 불구하고 한국정부가 한일청구권협정에 의거한 해결을 위한 조치를 강구하지 않은 것은 청구인의 기본권을 침해한 것으로 위헌이라는 것이다. 헌법재판소는 피해자들의 주장을 받아들여 2011년 8월 30일 한국정부의 이러한 "부작위"(不作為)는 기본권 침해에 해당한다고 인정했다. 이어 대법원은 2012년 5월 24일 일본 국가권력의 반인도적 불법행위로 인한 개인의 손해배상청구권은 1965년 한일청구권협정으로 "완전히 그리고 최종적으로 해결된" 대상에 포함되지 않는다고 판결했다.[16] 이러한 판결로 말미암아 한국정부와 일본정부 사이에 재협상의 여지가 생겼다. 그러나 일본정부는 이를 인정하지 않았고, 2015년 한일합의를 통해 도덕적 책임으로 마무리지으려는 일본정부에 한국정부가 합의해줌으로써 힘겹게 만들어진 이러한 여지들은 사라질 위기에 처하게 된 셈이다.

'국민기금'과
화해의 실패

물론 일본정부는 사죄담화 발표와 더불어 나름의 구체적인 제스처를 취하기도 했다. 1995년 나름 '진보적인' 성향의 무라야마 내각하에서 '여성을 위한 아시아 평화 국민기금'(이하 국민기금)을 발족했던 것이다. 여기에는 그동안 '위안부' 문제 해결을 위해 노력하던 일본 시민운동 세력 일부가 가세했다. 이 기금은 일본정부가 기금 운영비를 지원하고 민간에서 걷은 돈으로 피해자 할머니들에게 '지원금'을 지급하는 시스템이었다. 이것은 물론 국가 범죄에 따른 법적 책임을 인정한 것이 아닌, 도의적 책임을 지기 위한 것이었다. 끈질기게 법적 책임을 요구한 '위안부' 피해자의 입장에서 납득할만한 것이 아님은 물론이다. 국민기금을 수령한 피해자가 소수에 지나지 않았고 다수는 기금 수령을 거부했던 상황은 이를 잘 보여준다.

국민기금은 '위안부' 문제 해결을 위해 협력해온 한일 시민운동 세력 사이의 연대를 흔들어 놓았을 뿐만 아니라 일본 시민운동 세력을 분열시켰다. 또 국가의 역사적 과오에 대하여 누가 어떻게 책임을 져야 하는가를 두고 많은 논란을 낳았다. 일본의 페미니스트 사회학자 우에노 지즈코上野千鶴子는 국민기금은 민간인들에 의해 국가의 책임을 대신지게 하는 것으로, 이는 국가와 개인을 동일시하여 천황을 위해 국민들을 전쟁에 동원했던 일본 내셔널리즘의 논리구조와 크게 다르지 않다고 비판했다. 국가의 잘못에 대하여 기꺼이 자신의 돈을 내어 사죄하려는 국민은 국가와 자기 자신을 동일시했던 반세기 전의 일본 국민과 하나도 다를 바가 없다는 것이다. 따라서 내셔널리즘에서 벗어날 수 없는 한 군 '위안부' 동원이라는 과거의 잘못은 진정으로 극복될 수 없다는 것이다.[17] 내셔널리즘에 대한 우에노 지즈코의 비판은 제국의 민족주의와 식민지 민족주의 사이의 차이를 간과한다는 비판도 낳았지만, '위안부' 문제를 여성폭력의 문제로 보기보다 '민족적 울분'에 기반한 한일관계라는 민족 문제로 이해해온 한국사회에도 큰 울림을 주었다.

홍미롭게도 최근 『제국의 위안부』라는 책을 출간해 논란에 불을 지핀 일문학 교수 박유하는 내셔널리즘 비판의 입장에서 오히려 국민기금을 높이 평가하고 이를 거부한 정대협과 피해자들의 태도를 비판했다. 국민기금이 우익의 반대를 무릅쓰면서 어렵게 쟁취한 성과였는데 정대협과 한국의 내셔널리즘이 이를 거부함으로써 화해의 가능성을 날려버렸다는 것이다. 그가 제기한 다른 주장들도 많은 문제점이 있어 여러 학자들에 의해 비판이 제기된 바 있지만,[18] 무엇보다 한일 간의 '불화'의 책임을 국민기금을 부정한 정대협이나 피해자들에게 돌리는 그의 논지에 대해서는 선뜻 동의하기 어렵다. 그가 말하는 한국 민족주의의 문제점을 십분 인정한다 할지라도 알맹이 없는 사과를 받아들일 수 없어 진정한 사과를 요구하는 피해자의 입장을 "상대방의 굴복 자체를 목표로 하는 지배욕망의 뒤틀린 형태"라고 매도하는 것은 '화해'를 명분으로 한 또 다른 '강요와 협박'으로 비춰질 따름이다.

거꾸로 가는
과거사 청산

현재 일본의 우경화는 매우 심각한 상황이다. 아베 총리와 자민당은 전쟁과 무력사용을 금지한 평화헌법을 개정하고자 노력 중이며 그에 대한 대중적 지지도 점차 높아지고 있다. 안타깝게도 이러한 일본사회의 우경화는 '위안부' 운동이 쌓아온 그나마의 성과도 허물며 논의를 후퇴시키고 있다. 일본 우익들은 그동안 일본정부가 인정해온 군의 관여와 동원의 강제성을 부정하고 '일본군 위안부는 군과 상관없는 업자들에 의한 공창이었다.' '군이 강제로 동원하고 개입한 적이 없다.'는 등의 주장을 계속하고 있다. 이러한 인식하에 그들은 교과서에서 군 '위안부'에 관한 내용을 삭제할 것을 요구했다. 이를 반영한 듯, 최근 일본의 교과서들에는 군 '위안부'에 관한 설명이 삭제되거나 강제성에 대해 기술하지 않은 책이 많아졌다.

이제 서두에서 언급한 '일본군 위안부 한일합의'를 다시 들여다보자. 2015년 12월 28일에 전격적으로 이뤄진 합의에서 빠진 것은 무엇일까? 사실 대다수 사람들은 '10억 엔을 일본정부에서 지원할 테니, 일본대사관 앞 소녀상을 철거하라. 그리고 이 문제를 다시 거론하지 말자.'는 일본의 요구가 터무니없다고 여길 것이다. 무엇보다 한국정부가 이것을

소녀상을 철거한다고 해서
'위안부' 문제가
역사에서 사라지는 것은 아니다.

소녀상과 일본대사관

받아들인 것에 분노하고 있다. 한국정부가 합의안을 도출하는 과정에서 피해자들과 정대협 등 피해자 지원단체의 목소리를 듣고자 하는 어떤 노력도 하지 않았다는 점은 더욱 문제이다. 이러한 무시와 외면의 결과 한일합의 내용에 '위안부' 피해자들이 원하는 어떤 내용도 들어 있지 않다.

피해자들이 원하는 것은 무엇일까? 첫 번째는 일본 국가가 책임지고 배상하라는 것이다. 두 번째는 재발 방지를 위해 이 내용을 교과서에 실어서 교육시키라는 것이다. 세 번째는 관련자들을 처벌하라는 것이다. 그런데 일본의 우경화 시점부터 이런 주장은 받아들여지기는커녕 기존에 합의한 것마저 거꾸로 되돌리고 있다. 교과서에서의 '위안부' 기술의 삭제에도 모자라 소녀상을 없애라는 것은 군 '위안부' 문제를 역사에서 지워버리겠다는 것이지 후대에게 알리고 교육시켜 다시는 일어나지 않도록 하겠다는 태도는 아니다.

'위안부'에 대한 일본의 사과가 대외용이며, 실제로 사죄를 하고 있는 것은 아니라고 볼 수 있는 근거는 12월 28일 발표 이후 이어진 망언에서 찾을 수 있다. 합의 다음 날인 12월 29일 아베 총리는 '앞으로 이 문제에 대해 전혀 말하지 않겠다. 더 사죄도 하지 않는다.'고 발표했다. 누가 봐도 사죄하는 사람의 태도가 아니다. 예전에 독일 총리가 폴란드에 있는 유대인 학살지의 기념비 앞에서 무릎 꿇고 사죄하며 눈물을 흘렸던 장면과 비교해보면 더욱 분명하다. 2016년 1월 18일에는 한발 더 나아가 '이제까지 정부가 발견한 자료 중에서 군과 관원에 의한 이른바 민간인 강제연행에 대한 기술은 발견되지 않았다. 그래서 그 입장에는 변화가 없다.'고 발표했다. 이어 1월 26일 자민당은 '위안부 소녀상은 대사관의 안녕과 위엄을 훼손하는 것이므로 조기에 철거해야 한다.'고 주장했고 급기야 일본정부는 2017년 1월 9일 부산 소녀상 설치에 항의하며 주한일본대사를 일시귀국 조치하기에 이른다. 이것이 어찌 사죄를 한 이들이 할 수 있는 태도일까.

2015년 한일합의의 가장 큰 문제는 이제 한국의 피해자들이 싸워야 할 대상이 일본정부가 아니라는 점이다. 합의 이후 이제는 한국의 피해자와 피해자 지원단체는 합의 이행 문제로 한국정부와 실랑이를 벌여야 하는 처지에 놓였다. 일본정부는 그저 구경만 하면 되는 상황이다. 20년이 넘는 시간 동안 수요집회를 벌이며 노력해온 성과가 단돈 10억 엔에 무너지게 생겼으니 '위안부' 피해자들과 지원활동가들의 분노와 허탈감을 어찌 말로 표현할 수 있을까.

더욱이 일본의 식민지배와 전쟁동원으로 인한 피해는 단순히 군 '위안부'들만 겪은 것이 아니다. 징용, 징병, 원폭피해 등 많은 문제들이 여전히 미해결 상태로 남아 있다. 대표적으로 원폭피해 문제를 보면, 히로시마와 나가사키에서 원자폭탄에 의해 희생된 이들에는 조선인들도 다수 포함되어 있었다. 군수기업이 밀집하여 미군으로부터 공격 대상이 된 히로시마와 나가사키에는 군수공장에 징용되었던 조선인들이 많았기 때문이다. 이들 조선인은 '황국신민'이라는 이름으로 '천황의 전쟁'을 위해 동원되어 피해를 입었지만, 전후 일본은 자국민에 대해서만 보상하고 조선인은 보상에서 제외했다. 1970년대 한국의 원폭피해자들이 일본정부에 의료원호 조치를 요구하며 격렬하게 항의함으로써 점차 의

료원호가 확대되어 왔지만, 원폭 1.5세대, 2세대들은 아직도 열악한 환경에서 고통을 받고 있는 실정이다.

이와 같이 많은 문제들이 한일 간에 미해결 상태로 남아 있고 앞으로 이 같은 문제들을 어떻게 해결해나갈 것인지 계속해서 대화하고 새로운 전범을 만들어가야 함에도 불구하고, 한일합의에는 이러한 문제들에 대한 고려가 전혀 없다. 이 또한 2015년 합의가 갖는 제한성을 보여준다.

일본군 '위안부', 한국군 '위안부'

그렇다면 군 '위안부' 문제는 일본만의 문제인가? 앞서도 언급했지만, 동원 과정에서 일본군의 통제가 있었겠지만, 거기에는 자발적으로 협력한 한국인 업자들도 광범위하게 존재하고 있었다.[19] 이들의 존재를 무시하고 단순히 일본의 책임만 이야기할 수는 없다. 식민지배는 협력자들의 역할이 없었다면 불가능했기 때문이다.

그리고 민감한 주제이지만 한국전쟁 당시에 있었던 위안소 문제도 거론되어야 한다. 육군본부에서 편찬한 『후방전사』라는 책을 보면 "후방에서 이성에 대한 동경에서 야기되는 생리작용에 대한 성격의 이상 등을 예방하기 위해서 특수위안대를 설치한다."라는 익숙한 표현이 눈에 띈다. 분단과 전쟁 과정의 희생자들을 연구해 온 김귀옥 교수가 현지조사 과정에서 발견하고 문헌자료를 통해 확인하게 된 한국군 위안소 및 '위안부'의 존재는[20] 우리에게 많은 도전적인 질문을 던진다.

민족적 울분에 지지받아 공론화된 일본군 '위안부' 문제와 달리, 한국군 '위안부' 문제는 쉽게 공론화되지 못했다. 피해자들은 침묵했고 육군은 문제를 덮기 위해 자료 공개를 거부했다. 어떤 이들은 이 문제가 공론화될 경우 일본 우익에 이용되고 일본의 역사적 책임을 약화시킬 것이라고 우려하기도 한다. 그러나 김귀옥의 지적대로, 한국군 위안소는 명백히 일제 식민지 정책의 유산이다.[21] 일제하에서 만주군관학교와 일본 육군사관학교, 일본군을 경험했던 사람들이 한국군의 수뇌부가 되었고 그들에 의해서 한국전쟁이 이루어진 사실은 잘 알려져 있다. 이들이 일본으로부터 배운 위안소 정책을 한국전쟁기에 한국군에서 실현했던 것이다. 따라서 한국군 '위안부'의 존재는 감추어야 할 일이 아니라, 일본군 '위안부'라는 문제가 얼마나 심각한 것인지를 보여주는 증거로서 더 많이 연구되어야 할 과제이다.

한편 일본군 '위안부'에 대한 우리 사회의 인식 역시 되돌아볼 필요가 있다. 1992년 부산 대청공원 충혼탑 옆에 '종군위안부' 위령비를 만들려고 했을 때, 당시 보훈단체 회원들은 "매춘부는 가라"면서 반대했다. 20여 년이 지난 오늘날 그러한 인식은 얼마나 변화했을까. 2007년 독립공원 안에 '전쟁과 여성인권 박물관'을 건립하고자 했을 때, 광복회가 '항일투쟁의 역사를 도외시하고 일제에 의해 핍박만 받은 민족이라는 왜곡된 인상을 줄 것이며, 일본인들에게 웃음거리를 제공할 것'이라며 결사반대했던 일은 어떠한가. 일본과 대항할 때에는 민족주의 관점에서 군 '위안부' 문제를 대외용으로 이용하지만, 우리 사회 내부에서는 정작

미군 기지촌의 여성

일본군 '위안부',
한국군 '위안부',
미군 '위안부'(기지촌 여성)는
모두 군대의 유지를 위해 도구화한 여성이라는 측면에서
공통분모를 가진다.

여성에 대한 성적침탈 문제를 얼마나 이해하고 있는지를 뼈아프게 생각해볼 일이다.

일본군 '위안부'와는 제도적으로 다르지만 미군 '위안부' 문제도 놓쳐서는 안 될 부분이다. 소위 '양공주'라고 불리던 기지촌 여성들은 최근 국가배상 소송을 제기했고 일부 승소 판결을 받아냈다. 그러나 이를 아는 이는 그리 많지 않을 것이다. 1960~70년대 박정희 정권은 당시 성매매가 불법이었음에도 불구하고, 미군의 남한 주둔을 유지하고 미국과의 관계를 개선하기 위한 목적으로 기지촌 여성들을 적극적으로 활용했다. 국가가 나서 기지촌 여성들에게 영어를 비롯한 '교양'교육을 실시하고 강제적인 성병검진과 치료소 감금을 강요하는 등 '기지촌 정화운동'을 벌였다.[22] 국가가 나서서 일종의 포주노릇을 한 것이다. 법으로 금지한 성매매를 오히려 국가가 나서서 여성들에게 권유했다는 사실을 어떻게 이해해야 할까? 물론 미군 기지촌 여성들을 직접적으로 일본군 '위안부'와 비교할 수는 없을 것이다. 그러나 취업사기 혹은 인신매매라는 불법성과 관의 개입, 무엇보다 군대의 유지를 위해 도구화한 여성의 성이라는 측면에서 적지 않은 공통분모도 발견할 수 있다.

흥미롭게도 일본군 '위안부' 피해 여성들은 한국정부를 상대로 한 기지촌 피해 여성들의 소송에 적극적으로 지지를 표명했다. '위안부'라는 피해에 물타기를 하는 것으로 간주하고 배타적으로 나올 수도 있었지만 일본군 '위안부' 피해자들은 오히려 연대에 나섰다. 이뿐만이 아니다. 할머니들은 베트남 민간인에 대한 한국군의 학살 문제에 대해서도 관심을 갖고 '나비기금'을 만들어 한국군에 의해 강간 피해를 당한 베트남 여성들을 지원하고 있다.

　이처럼 침묵을 깨뜨린 일본군 '위안부' 피해자들의 용기와 그들의 활동은 전세계 곳곳에서 지난 세기에 벌어졌던 수많은 여성에 대한 성적 폭력의 문제를 공론화하고 여성들 간의 연대를 구축하는 데 기여하고 있다. 최근 유럽에서는 나치 유대인 수용소 내부에서 벌어졌던 유대인 여성들의 강제 성노동에 관한 연구가 진행 중이라고 한다.[23] 그동안 희생자로서의 유대인 이미지를 무너뜨리는 사실로서 결코 발화될 수 없었던 이 사실이 공론화될 수 있었던 것도, 반인륜적 범죄를 세상에 알리고 그 해결을 촉구해온 일본군 '위안부' 생존자들의 활동이 미친 직간접적인 영향 때문이라 할 수 있을 것이다. 이처럼 오늘날 일본군 '위안부' 생존자들의 활동은 한일관계라는 민족적 차원을 넘어선 보다 보편적인 운동으로 성장하며 20세기가 가져온 식민지배와 전쟁, 그리고 성폭력에 대한 반성과 성찰의 계기를 던져주는 인류사적 유산으로 자리매김 하고 있다.

1장 동학농민전쟁을 다시 생각한다

1 '동학농민혁명기념재단' 홈페이지의 내용을 축약 정리했다(http://www.1894.or.kr,
   검색일: 2017년 1월 20일).

2 深谷克己 「民衆運動史硏究の今後」, 深谷克己 編 『世界史のなかの民衆運動』, 靑木書店
   2000, p. 23.

3 「전봉준공초」, 『동학사상자료집』 1, 아세아문화사 1979.

4 Keith Michael Baker et al., *The Political Culture of the Old Regime*(*The French
   Revolution and the creation of modern political culture v.1*), Oxford : Pergamon Press,
   1987, p. xii.

5 배항섭 「근대를 상대화하는 방법: 민중사에서 바라보는 근대」, 『역사비평』 88호,
   2009 가을호; 배항섭 「동아시아사 연구의 시각: 서구·근대중심주의 비판과 극복」,
   『역사비평』 109호, 2014 겨울호.

6 楊致中 「守舊가 反愈於就新」, 『太極學報』 22, 1908, 13면.

7 Goody, Jack, *The Theft of History*, Cambridge, 2006, p. 305.

8 미야지마 히로시 「유교적 근대로서의 동아시아 근세」, 『미야지마 히로시, 나의 한
   국사 공부』, 너머북스 2013.

9 배항섭 「조선 후기 토지소유 및 매매관습에 대한 비교사적 검토」, 『한국사연구』
   149, 2010.

10 유영익 「전봉준 의거론」, 『동학농민봉기와 갑오경장』, 일조각 1998.

11 신용하 「갑오농민전쟁의 제1차 농민전쟁」, 『한국학보』 40호, 일지사 1985, 126면.

12 Thompson, E. P, *Customs in common*, Penguin Books, 1993, pp. 6~7.

13 Scott, James C., *Domination and the arts of resistance: hidden transcripts*, New Haven :
   Yale University Press, 1990, pp. 92~94.

14 Freedman, Paul H., *Images of the Medieval Peasant*, Stanford University Press, 1999, p. 298.

15 배항섭 「'근대이행기'의 민중의식: '근대'와 '반근대'의 너머」, 『역사문제연구』 23호, 2010; 배항섭 「동학농민전쟁에 대한 새로운 이해와 내재적 접근」, 『역사비평』 110호, 2015 봄호 참조.

16 『주한일본공사관기록』 1, 국사편찬위원회 1986, 14면.

17 「양호초토등록(兩湖招討謄錄)」, 『동학농민전쟁사료총서』 6, 사운연구소 1996, 66~67면.

18 「전봉준공초」, 『동학사상자료집』 1, 아세아문화사 1979, 327~28면.

19 『주한일본공사관기록』 1, 국사편찬위원회 1986, 57~58면.

2장 대한제국 외교의 가능성과 한계

1 구대열이 대한제국의 외교정책을 거시적으로 정리한 구대열 「대한제국시대의 국제관계」, 이화여대 한국문화연구원 『대한 제국사 연구』, 백산서당 1999.

2 같은 글 참조.

3 『주한일본공사관기록』 16, 국사편찬위원회 1996 참조.

3장 3·1운동, 서로 다른 세 개의 기억

1 양주흡의 이야기는 최우석 「재일유학생의 국내 3·1운동 참여: 『양주흡 일기』를 중심으로」, 『역사문제연구』 31호, 2014를 바탕으로 하여 재구성했다.

2 류시현·문영주·박종린·허수·허영란 『미래를 여는 한국의 역사』 5, 웅진지식하우스 2011, 64면. 실제로는 1월 21일 덕수궁 함녕전에서 급서했는데, 조선총독부는 22일 오전 6시에 사망한 것으로 발표했다.

3 이덕순의 이야기는 이정은 「안성군 원곡·양성의 3·1운동」, 『한국독립운동사연구』 1, 1987; 허영란 「3·1운동의 지역성과 집단적 주체의 형성: 경기도 안성의 사례를 중심으로」, 『역사와 경계』 72호; 『한민족독립운동사자료집』 23, 국사편찬위원회 1995에 수록된 이 지역 운동 참가자들의 심문조서를 토대로 하여 재구성한 것이다. 이덕순이 처음 소문을 접한 시점은 분명치 않으나 글의 구성을 위해 1월 23일이라

가정했다.

4 이준식 「운동인가 혁명인가? '3·1혁명'의 재인식」, 『3·1혁명 95주년 기념학술회의 자료집』, 2014.

5 장병준의 이야기는 이기훈 「장병준의 생애와 민족운동」, 『도서문화』 42호, 2013을 바탕으로 재구성했다. 장병준 가문은 형제들이 함께 민족운동에 참여한 것으로도 널리 알려져 있다.

6 장병준이 1919년 3월 이전에 무엇을 했는지는 구체적으로 밝혀져 있지 않지만 이후의 행적에 비춰 추정한 것이다.

7 「高濟彬 신문조서」, 『한민족독립운동사자료집』 47, 국사편찬위원회 2001; 「金克泰 신문조서」, 같은 책.

8 독립운동사편찬위원회 『독립운동사』 3 , 1971.

9 조경달 『민중과 유토피아』, 허영란 옮김, 역사비평사 2009.

10 배성준 「3·1운동의 농민봉기적 양상」, 박헌호·류준필 편 『1919년 3월 1일에 묻다』, 성균관대학교출판부 2009.

11 독립운동사편찬위원회, 앞의 책 557~58면; 전라남도편찬위원회 『전라남도지』 8, 전라남도 1993, 105면.

12 「광주지방법원 장흥지청 재판기록」, 1919. 5. 15.

13 한시준 「한성정부의 수립과 홍진」, 『한국근현대사연구』 27, 2003.

14 「李東旭 신문조서」, 『한민족독립운동사자료집』 47, 국사편찬위원회 2001.

15 강만길 『통일지향 우리 민족해방운동사』, 역사비평사 2000, 106면.

16 「臨時議政院記事錄 第4回」, 『대한민국임시정부자료집』 2, 국사편찬위원회 2005, 35~37면.

5장 식민지의 젊은이들, 오늘의 젊은이들

1 필립 아리에스 『아동의 탄생』, 문지영 옮김, 새물결 2003, 66~85면 참조.

2 栗原彬 『やさしさのゆくえ : 現代青年論』, みすず書房 1981, pp. 16~23.

3 木村直惠 『「青年」の誕生-明治日本における政治的實踐の轉換』, 新曜社 1998 참조.

4 남순희 「유민설(牖民說)」, 『친목회회보』 5호, 1897, 23~26면.

5 『대한매일신보』 1910년 1월 29일자; 『대한매일신보』, 1909년 1월 26일자.

6 전영택「구습의 타파와 신도덕의 건설」,『학지광』13, 1917, 56면.

7 고주「今日 我韓 靑年의 境遇」,『少年』, 3권 6호, 1910.

8 김철『바로잡은 무정』, 문학동네 2003, 619면.

9 김철, 같은 책 411면.

10 朝鮮憲兵隊司令部,「騷擾發生前における民心の狀況(全南)」, 1919. 6.

11 오성철『식민지 초등 교육의 형성』, 교육과학사 2000 참조.

12 R.W.G.「國際靑年데이」,『思想運動』2권 2호, 1925.

13 八判靑年,「젊은이들과 그들의 감격성」,『조선일보』, 1926년 6월 2일자.

14 사공표「朝鮮의 情勢와 朝鮮공산主義者의 任務」,『레닌주의』1호, 1929, 150면.

15 류영준「半島靑年女子에게」,『女子界』5호, 1920.

16 이광수「독일의 기백」,『조선일보』1933년 10월 19일자.

17 권승락「나는 히틀러를 崇尙한다」,『學燈』14호, 1935.

18 박명선「북한 출신 월남인의 사회경제적 배경 및 사회이동에 관한 연구」, 이화여자대학교 석사학위 논문 1983, 43면, 48면.

19 김행선『해방정국 청년운동사』, 선인 2004, 97면.

20 이경남『분단시대의 청년운동』상, 삼성문화개발 1989, 68면.

21 김미란「'순수'한 청년들의 '평화' 시위와 오염된 정치 공간의 정화」,『상허학보』31, 2011.

6장 기억 저편의 사회주의 혁명가들

1 지중세 편역『조선 사상범 검거 실화집』, 돌베개 1984, 227면.

2 「인류를 驅하야 禽獸를 만드는 과격파의 부인국유」,『매일신보』1919년 5월 2일자.

3 임경석「사상검사 이토 노리오(伊藤憲郎)의 조선 사회주의 연구」, 최규진 외『제국의 권력과 식민의 지식』, 선인 2015, 333면.

4 이호룡「한국인의 아나키즘 수용과 전개」, 서울대학교 국사학과 박사학위논문 2000, 42면.

5 유시현「사회주의 사상의 수용과 대중운동」, 역사학연구소 편『한국 공산주의 운동사 연구』, 아세아문화사 1997. 40면.

6 최병구「1920년대 프로문학의 형성과정과 '미적 공통성'에 관한 연구」, 성균관대학

교 박사학위논문 2012, 37면; 「사회주의의 三變遷」(하), 『동아일보』 1921년 4월 14
일자.

7 송찬섭·최규진 외 『한국사의 이해』, 한국방송통신대학교출판부 2017 가운데 필요
한 내용을 선택하여 수정하고 보완했다.

8 朝鮮總督府 警務局 『最近に於ける朝鮮治安狀況』, 1938, 328면.

9 칼 마르크스·프리드리히 엥겔스 『공산주의 선언』, 김태호 옮김, 박종철출판사
1998, 37면.

10 천정환 「1920년대 讀書會와 '社會主義 文化'」, 『대동문화연구』 64집, 2008, 45면.

7장 친일청산을 하지 못한 대가

1 이명세는 반민규명위에서 중대한 친일반민족행위를 했다고 결정한 1006명 가운데
한 사람이다.

2 「이인호 "김구, 대한민국 건국 공로자 아냐"」, 『경향신문』 2014년 10월 22일자.

3 박효종 「'편협한 민족주의'에 근거한 독립운동사를 비판한다」, 『철학과 현실』 67
호, 2005.

4 『독립신문』 1920년 2월 5일자.

5 이강수 『반민특위 연구』, 나남출판 2003, 103면.

6 『만주신문』 1939년 3월 31일자.

7 친일반민족행위진상규명위원회 『친일반민족행위진상규명보고서 IV-7 친일반민
족행위 결정』, 2009, 820~35면.

8 「친일파 윤치호가 독립운동가? 법무부의 황당 동영상」, 『오마이뉴스』 2015년 8월
14일자.

9 분야는 반민규명위의 분류에 따랐다.

8장 잘못 낀 첫 단추, 일본군 '위안부'

1 강만길 「일본군 '위안부'의 개념과 호칭 문제」, 한국정신대문제대책협의회 진상조
사연구위원회 엮음 『일본군 '위안부' 문제의 진상』, 역사비평사 1997, 12~17면.

2 이타가키 류타·김부자 엮음 『위안부 문제와 식민지 지배 책임』, 배영미·고영진 옮

김, 삶이보이는창 2016, 31~35면.

3 吉見義明 『從軍慰安婦』, 岩波新書 1995, pp. 43~56.

4 안연선 『성노예와 병사 만들기』, 삼인 2003, 128~93면.

5 후지메 유키 『성의 역사학-근대국가는 성을 어떻게 관리하는가』, 김경자·윤경원 옮김, 삼인 2004, 91~107면.

6 후지메 유키, 같은 책 55~65면.

7 윤명숙 『조선인 군위안부와 일본군 위안소제도』, 최민순 옮김, 이학사 2015, 146~87면.

8 윤명숙, 같은 책 303~65면.

9 윤명숙, 같은 책 119~26면.

10 안병직 번역·해제 『일본군 위안소 관리인의 일기』, 이숲 2013, 15~42면.

11 永井和 『日本軍の慰安婦政策について』, 주 32; 안병직 번역·해제, 앞의 책 27면에서 재인용.

12 정진성 「일본군 위안소 정책의 수립과 전개」, 한국정신대문제대책협의회 진상조사 연구위원회 엮음, 앞의 책 114~17면.

13 여순주 「일본군 '위안부' 생활에 관한 연구」, 한국정신대문제대책협의회 진상조사 연구위원회 엮음, 앞의 책 125~37면.

14 이상록 「시민을 성폭행하는 민주국가, 대한민국-1986년 부천서 문귀동 성고문 사건」 여성사 연구모임 길밖세상 지음 『20세기 여성사건사』 여성신문사 2001, 227~37면.

15 윤정옥 「이화여대 윤정옥 교수 '정신대' 원혼 서린 발자취 취재기」, 『한겨레』 1990년 1월 4일자.

16 이타가키 류타·김부자 엮음, 앞의 책 184~85면.

17 우에노 지즈코 『내셔널리즘과 젠더』, 이선이 옮김, 박종철출판사 1999(개정판 『위안부를 둘러싼 기억의 정치학』, 현실문화 2014).

18 박유하는 강제동원에서 군부가 아닌 조선인 업자의 역할을 강조하면서 일본 국가의 법적 책임을 부정하고 도의적 책임만을 인정했다. 나아가 제국이라는 우산 아래에서 일본인 위안부와 조선인 위안부는 비슷한 존재였다며 제국과 식민지 사이의 차이를 무화시키는 한편, 일본인 병사와 조선인 위안부가 '동지적 관계'였다고 서술함으로써 많은 논란을 낳았다. 이 책을 둘러싼 논란은 분노한 위안부 피해 생존자들에 의해 명예훼손으로 법적 소송에까지 이르고 말았다. 박유하의 논점에 대

해서는 한일 양국의 학자들에 의해 다양한 비판이 쏟아졌다. 『제국의 위안부』 논쟁에 대해서는 다음의 글들을 참조. 정영환 「제국의 위안부-식민지지배와 기억의 투쟁」, 『역사비평』 111호, 2015; 박유하 「일본군 위안부 문제와 1965년 체제-정영환의 『제국의 위안부』 비판에 답한다」, 『역사비평』 112호, 2015; 배상미 「위안부 담론의 페미니즘적 전환의 필요성」, 『여/성이론』 31호, 2014; 강성현 「일본군 '위안부' 문제의 쟁점과 해결: 『제국의 위안부』의 비판적 독해와 일본군 '위안부' 문제 해결의 제언」, 『황해문화』 91호, 2016; 김헌주·백승덕·전영욱·최우석 「젊은 역사학자들, 『제국의 위안부』를 말하다」, 『역사문제연구』 33호, 2015; 신은화 「일본군 성노예제에 대한 비판적 분석: 박유하 교수의 『제국의 위안부』에 대한 논박을 중심으로」, 『사회와 철학』 30호, 2015; 박유하 「젊은 역사학자들의 『제국의 위안부』 비판에 답한다」: 「젊은 역사학자들, 『제국의 위안부』를 말하다(『역사문제연구』 33, 2015)에 대한 반론」, 『역사문제연구』 34호, 2015; 윤해동 「동향과 쟁점: "제국의 위안부"를 읽는 법」, 『사이間SAI』 16호, 2014 등.

19 윤명숙, 앞의 책 5장 참조.

20 김귀옥 「한국전쟁과 한국군위안부문제를 돌아본다」, 『구술사연구』 2호, 2011.

21 김귀옥 「일본식민주의가 한국전쟁기 한국군위안부제도에 미친 영향과 과제」, 『사회와 역사』 103호, 2014.

22 캐서린 H.S. 문 『동맹속의 섹스』, 이정주 옮김, 삼인 2002.

23 정용숙 「제2차 세계대전 시기 프랑스, 폴란드, 독일에서 일어난 전시 성폭력 문제는 어떻게 다루어져 왔는가?」, 『(여성가족부·한국여성인권진흥원 주최 국제학술심포지엄 자료집) 전쟁과 폭력의 시대 다시 여성을 생각하다-일본군 '위안부' 문제와 식민지 피해, 그 책임의 방법』, 2015, 155~66면.

이미지 제공처 및 소장처

이 책은 다음의 단체 및 저작권자의 허가 절차를 밟았습니다.
이미지를 제공해주신 분들께 진심으로 감사드립니다.
수록된 사진은 대부분 저작권자의 사용 허가를 받았으나,
일부 저작권자를 찾지 못한 경우는 확인되는 대로 허가 절차를 밟겠습니다.

개벽 176, 197
경향신문 251
구와바라 시세이 262
국가기록원 212
국립중앙도서관 53
국사편찬위원회 26, 57, 62, 117, 131
독립기념관 81, 124, 137
동아일보 97, 174(아래), 180, 184
민족문제연구소 225
신동아 160
역사정의실천시민관 205
전주역사박물관 89
조선일보 174(위), 189
참여연대 235

* 위 출처 외의 이미지는 (주)창비의 자료사진과 퍼블릭 도메인을 사용했습니다.
* 모든 이미지는 재사용 시 해당 단체 및 저작권자의 재허가 절차를 밟아야 합니다.